U0542367

徐州工程学院学术著作出版基金资助

深部复合地层TBM隧道支护作用机理与稳定控制

杨　硕　李元海　金煜皓　著

中国矿业大学出版社
·徐州·

内容简介

本书较为全面地介绍了复合岩层的力学性质与破坏特征、深部复合地层 TBM 隧道掘进中的围岩变形与支护机理以及围岩变形的非均匀支护结构控制等内容，可用作隧道与地下工程、岩土工程、采矿工程等专业科技工作者及大专院校师生参考书。

图书在版编目(CIP)数据

深部复合地层 TBM 隧道支护作用机理与稳定控制/杨硕，李元海，金煜皓著．—徐州：中国矿业大学出版社，2023.11

ISBN 978-7-5646-3814-6

Ⅰ．①深… Ⅱ．①杨… ②李… ③金… Ⅲ．①盾构法—隧道支护 Ⅳ．①U455.43②U455.7

中国国家版本馆 CIP 数据核字(2023)第 215205 号

书　　名　深部复合地层 TBM 隧道支护作用机理与稳定控制
著　　者　杨　硕　李元海　金煜皓
责任编辑　陈　慧
出版发行　中国矿业大学出版社有限责任公司
(江苏省徐州市解放南路　邮编 221008)
营销热线　(0516)83885370　83884103
出版服务　(0516)83995789　83884920
网　　址　http://www.cumtp.com　**E-mail**:cumtpvip@cumtp.com
印　　刷　徐州中矿大印发科技有限公司
开　　本　787 mm×1092 mm　1/16　**印张** 8　**字数** 144 千字
版次印次　2023 年 11 月第 1 版　2023 年 11 月第 1 次印刷
定　　价　35.00 元

前　言

TBM工法在交通、水利和矿山等领域应用广泛，在高山地区的TBM隧道施工中难免会遇到高应力环境下的软硬复合地层工况。深部软硬复合地层中的软岩和高地应力构成了围岩发生挤压大变形的基本条件，极易引起隧道工程的失稳破坏。基于深部复合地层TBM隧道施工的复杂工况条件，围岩稳定控制必须深入揭示支护体系的作用机理。本书采用室内试验、数值模拟、理论分析以及智能算法相结合的方法，包括使用特色的岩土变形计算机视觉量测系统，较为全面地研究了复合岩层的力学性质与破坏特征、深部复合地层TBM隧道掘进中的围岩变形与支护机理以及围岩变形的非均匀支护结构控制，取得了以下主要研究成果：

(1) 采用泥岩与砂岩胶结制作层间黏结强度已知的复合岩层试样，通过岩石力学伺服试验系统，获得了有侧限单轴压缩条件下的力学性质与破坏特征。复合岩层强度各向异性程度大于变形各向异性程度，声发射特征与复合岩层的倾角以及非协调变形密切相关。

(2) 自主研制了中小型电机双轴加载隧道相似物理模拟试验系统。该试验系统由加载试验机、隧道模型箱和支护模拟装置组成。其中，加载试验机采用伺服电机作为动力源，可实现单轴单、双向及双轴加载功能，能较好地模拟深部隧道工程复杂的受力环境；配套研制的横、纵断面隧道模型箱以及多重支护结构，为模型试验提供了条件支撑。

(3) 获得了深部复合地层TBM隧道不同工况下围岩破裂演化

特征以及破坏模式。研究发现复合岩层中软、硬岩的非协调变形控制了岩体的损伤破坏演化过程；同时，采用神经网络建立了复合岩层变形全过程和破裂模式的实验预测方法，为复合地层 TBM 隧道支护作用机理研究提供了一种新方法。

（4）基于模型试验和数值模拟，揭示了深部复合地层 TBM 隧道支护作用机理。研究表明支护不仅降低了围岩变形量，更增加了变形均匀性，调动了更大范围的围岩进行承载；同时，支护提高了围岩的整体性以及软、硬岩变形的协调性，调动了围岩的自承载作用，尤其是硬岩对软岩的支撑作用，减小了软岩与结构面处的损伤区范围。

（5）为应对深部复合地层洞周围岩呈现非协调变形问题，提出了基于“衬砌＋非均匀抗剪锚杆”联合支护的复合地层围岩稳定控制方法。数值分析表明，该方法能够有效控制复合地层的非协调变形，改善衬砌的局部受力状态，为深部复合地层 TBM 隧道支护设计提供参考。

研究成果在深部复合地层 TBM 隧道支护作用机理与稳定控制方面具有较为重要的理论意义与实践应用价值。

感谢国家“973”课题（2014CB046905）提供的资助，感谢中国矿业大学深部岩土力学与地下工程国家重点实验室提供的研究条件！

本书由徐州工程学院学术著作出版基金资助出版，在此谨表感谢！

因作者水平有限，书中不足之处在所难免，恳请读者批评指正。

著　者

2023 年 3 月

目　录

第1章 绪 论

1.1 研究背景及意义

随着国家经济的发展，地下铁道、输水隧道、国防工程的不断建设，深部地下工程越来越多地成为人们研究的重点。何满潮[1]经过多年来对深部工程的深入研究，提出了对深部的定义：深部是指随着开采深度的增加，工程岩体出现非线性物理力学现象的深度及其以下深度区间，位于该深度区间的工程为深部工程。深部工程的围岩具有高地应力、高地温、高渗透压以及强烈的开采扰动等特性，即"三高一扰动"，无法通过采用常规的施工工艺与支护对策进行围岩稳定有效控制。深部的地应力特征区别于浅部，图 1-1 为世界 30 多个国家的地应力分布图，其中侧压力系数 K_1 和 K_2 分别为最大水平应力、最小水平应力与垂直应力的比值，可以看出随着地层深度的增加，逐渐从浅部的构造应力主导的状态向深部静水压力的状态转变。

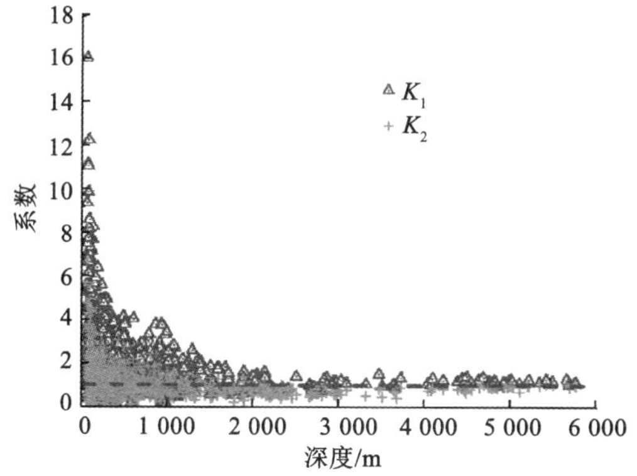

图 1-1 世界 30 多个国家地应力分布情况[2]

全断面隧道掘进机(TBM)工法在交通、水利和矿山等领域应用广泛,采用 TBM 相比于钻爆法施工具有工程造价低、施工效率高、利于环境保护等显著优势[3]。研究表明[4],侧压力系数为 1 的深部环境对 TBM 开挖的圆形断面稳定性最为有利。但当 TBM 隧道施工中遇到软硬复合地层和高应力环境时(图 1-2),深部软硬复合地层中的软岩和高地应力构成了围岩挤压大变形的基本条件,极易引起隧道工程的失稳破坏[6]。

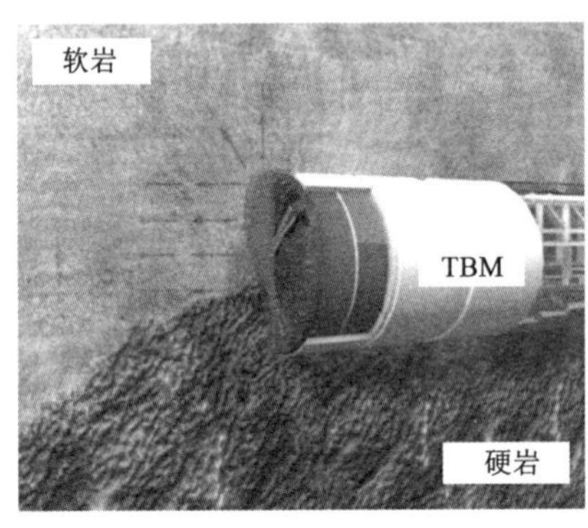

图 1-2　TBM 在复合地层掘进(修改自文献[5])

在深部高地应力条件下,软岩由于较低的强度,不足以支撑隧道开挖引起的应力集中产生了塑性剪切滑移,从而产生量级较大的围岩变形,这类大变形被称为“挤压大变形”[图 1-3(a)]。挤压大变形导致衬砌开裂、错位,影响支护结构的稳定性[图 1-3(b)]。造成围岩挤压大变形的原因在于没有深入了解深部复合地层围岩的变形破裂演化规律以及支护作用机理,无法有效控制围岩的稳定性。

(a) 挤压大变形[4]

(b) 衬砌错台[7]

图 1-3　深部 TBM 隧道施工灾害

基于深部复合地层TBM隧道施工的复杂工况条件，本书依托国家"973"项目课题，采用室内试验、数值模拟、理论分析以及智能算法相结合的方法，包括特色的岩土变形计算机视觉量测系统，较为全面地研究了复合岩层的力学性质与破坏特征、深部复合地层TBM隧道围岩变形与支护作用以及复合地层隧道围岩变形的非均匀支护结构控制。

1.2 国内外研究现状

1.2.1 复合岩层变形演化规律研究

复合岩层由有两种或两种以上岩性的岩层组成[8]，国内外学者对于横向各向同性、软硬相间的复合岩层破裂演化规律进行了大量的研究工作。Tien等[9]配制了横向各向同性的类岩石材料，通过单轴压缩试验研究了横向各向同性类岩石材料的破坏模式，破坏分为沿结构面的拉伸劈裂，与结构面交叉的拉伸破坏和与结构面交叉的滑移破坏。Cheng等[10]通过单轴压缩试验研究了软硬相间复合岩层的强度和变形的各向异性特征，总结得到当岩层倾角从0°增加到90°，峰值应力、峰值应变和弹性模量呈现先减小后增加的趋势。Yang等[11]通过CT扫描技术研究了软硬相间的复合岩层在不同侧压力下的破裂演化规律，研究发现复合岩层变形的不协调性，并且破坏模式与倾角密切相关。岩石-混凝土[12-15]、岩石-煤岩[16-19]的复合岩石也具有类似的复合岩性结构特征，国内外学者已做了大量的工作。上述研究工作均忽略了层间黏结强度的影响，研究表明[20]层间黏结强度对试样的强度影响较小，但是对破裂模式影响显著。

层状岩体同样具有类似横向各向同性的岩层结构[21-29]，研究发现声发射特征表现出明显的各向异性特征，并与剪切行为有关。岩体主要发生顺层剪切破坏，并且两个结构面夹层内部岩体表现出梁的特征。剪切滑移导致了垂直结构面的方向上的张拉破裂。非均匀变形主要受岩层倾角和剪应力的影响。同时，国内外学者通过巴西圆盘劈裂试验研究层状岩体的抗拉强度与破裂模式的特征[30-35]。

可以看出当前研究对象缺乏实际工程中典型的"上软下硬"复合岩层(图1-2)，同时忽略了复合岩层层间黏结强度的影响。复合岩层以结构面走向与隧道轴向的关系分为两种地层工况：结构面走向平行于隧道轴线[图1-4(a)]，以及结构面走向垂直于隧道轴线[图1-4(b)]。分析复合地层洞周围岩的变形破坏演化规律有助于评价隧道稳定性,为研究围岩与支护的相互作用规律奠定基础。

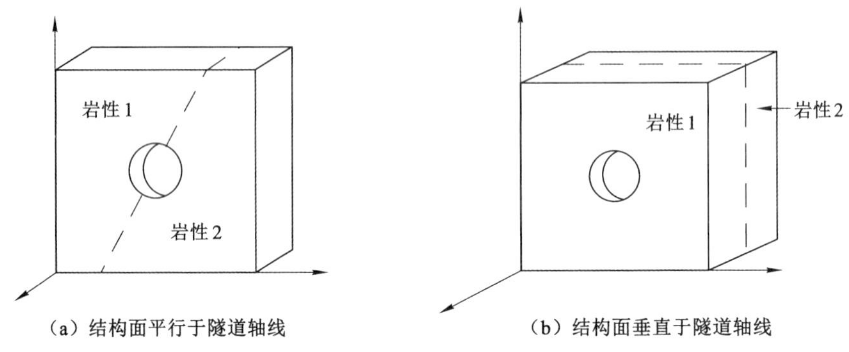

(a) 结构面平行于隧道轴线　(b) 结构面垂直于隧道轴线

图 1-4　复合岩层 TBM 隧道的两种地层工况

1.2.2　加载与卸荷工况下的围岩破裂演化规律研究

众多理论和实践证明,隧道围岩在加载和卸荷应力路径下的力学特征有明显区别。当岩体卸荷量较大、出现拉应力后,结构面的力学条件将发生本质的变化[36],结构面会迅速降低岩体的承载能力。众多研究学者在加载或卸荷两方面对隧道围岩破裂演化规律进行研究,加载路径较多用于研究隧道围岩以及支护系统的稳定性[37-42],卸荷路径较多用于研究实际开挖工况的围岩变形演化规律。

在加载研究方面,袁亮等[43]将模型试验过程分为开洞荷载和超载两步进行,研究了深部洞周围岩的破坏形态和机理。翟路锁等[44]研究了构造裂隙煤岩体隧道稳定性的特征,获得了不同加载条件下的围岩变形破裂规律。张强勇等[45]开展了不同洞形与加载条件下的模型试验研究,研究获得了深部岩体分区破裂的非线性变形特征。Zhu 等[46]通过物理模型试验研究了深部隧道洞周围岩的剥落破坏,研究表明竖向荷载的增加导致侧壁的应力集中,导致变形急剧增加,剥落破坏程度与初始边界应力呈正相关关系。Luo 等[47]通过真三轴试验分析了 D 型隧道边墙剥落的过程和破坏特征,研究表明随着边墙破坏深度的增加,破裂的形状从垂直的形状变成弧形,然后演变成 V 形。当地层最大主应力垂直于隧道轴线时,隧道如果沿最小主应力方向掘进能够减弱边墙剥落破坏。

在卸荷研究方面,顾金才首先提出了“先加载,后开洞”的模型试验方法,并研制了先进的模型平面应变条件控制技术。Song 等[48]通过大尺寸三维模型研究了层状岩层隧道开挖的动力响应规律，研究了隧道开挖对层间岩体的稳定性影响。李术才等[49]通过大比例尺模型试验研究了隧道在开挖和支护过程中的力学过程，获得了不同开挖方法的施工力学过程。侯公羽等[50-51]通过空心石膏圆柱的内部卸荷试验，研究了不同卸荷速率下的围岩变形破裂规律和破坏机制。严鹏等[52]通过现场试验得到钻爆法和 TBM 掘进下对围岩的应力扰动程度以及损伤区的范围有明显差异，支护策略的制定应根据开挖方式进行合理选择。国内外学者在天然岩石的卸荷力学特征方面已做了大量工作[53-59]，研究发现卸荷破坏相比于加载破坏更加突然和强烈，卸荷条件下黏聚力减小，内摩擦角变大；随着卸荷速率的增加，破裂模式由拉剪混合向拉伸破坏转变，内置裂隙的倾角对卸荷模式破坏有较大影响。

在上述研究中，针对复合地层隧道加载与卸荷工况下围岩变形破坏机制的相关研究较少，由于围岩在加载和卸荷时呈现了不同的力学特征，因此研究加载与卸荷工况下的复合地层围岩变形破坏机制对于丰富复合地层围岩控制理论具有重要意义。

1.2.3 支护作用机理研究

由于岩土工程的复杂性和不确定性，相似模型试验是相关问题研究的重要手段之一[60-61]，其具有直接观察、可严控试验条件、排除次要因素以及可重复多次等优点。胡雄玉等[62-63]通过相似模型试验研究了让压层的让压效果，建立了能够反映围岩、让压层和衬砌三者间相互作用的理论模型。齐春等[64]通过相似模拟试验研究了不同复合地层工况下衬砌和让压层联合支护方案的衬砌力学特性，发现让压层可以有效减小衬砌受力，衬砌弯矩易受复合地层相对刚度的影响。Yang 等[65]通过物理相似模拟试验和数值模拟研究了上软下硬复合地层隧道围岩的稳定性，研究结果表明围岩变形呈现明显的非对称性特征，软岩区出现了块体脱落和顶板垮塌，而硬岩区仅出现收缩变形，衬砌结构有效地减小了围岩的应力扰动。Wang 等[66]采用相似模型试验研究了衬砌接头对支护系统力学性能的影响规律。何川等[67]通过模型试验研究了层状复合地层条件下管片衬砌结构的力学特性。Zhang 等[68]通过三维地质力学模型试验研究了深部岩体开挖的稳定性，建议在硐室交叉部位采用联合锚喷加强支撑。来弘鹏等[69]研究了支护时机对软弱围岩隧道围岩压力、衬砌切向应力的影响规律。Xu 等[70]通过相似模拟试验和离散元方法研究了软岩蠕变造成的二衬开裂现象，研究显示二衬的渐进破坏分为 4 个阶段：弹性阶段、初始损伤阶段、极限阶段和失稳阶段。

深部复合地层 TBM 隧道围岩稳定控制必须深入揭示围岩和支护体系的作用机理，当前关于深部复合地层支护机理的研究较少。在“衬砌＋豆砾石充填灌浆”的多重支护结构中，豆砾石灌浆层的作用是充填非均匀间隙，起到固定衬砌和传递围岩荷载的作用，研究表明[71]有无灌浆回填层，衬砌的受力变形较大，灌浆回填层的作用在上述模型试验中没有被重视。同时，当前支护机理的物理模型试验主要分析横断面隧道模型的变形演化规律，对纵断面隧道模型的研究较少[图 1-4(b)]。在纵断面模型中能够研究复合岩层结构面走向垂直于隧道轴线的工况，其围岩变形演化规律和支护作用机理与横断面隧道模型差距较大。

由于 TBM 隧道施工的空间复杂性，可采用数值模拟得到横向和纵向应力、变形的演化规律，进而对围岩、支护结构以及两者的相互作用进行力学分析，获得三维条件下围岩与支护结构相互作用规律。数值模拟方法在研究地下工程隧道围岩应力和变形破坏的发展，定量研究 TBM 与围岩的相互作用力，进而定量地评价围岩稳定性方面具有明显的优势。Zhao 等[72]考虑了 TBM 与围岩之间的环向不均匀间隙，研究了在地层挤压条件下的 TBM、衬砌与围岩的相互作用关系。Hasanpour[73-74]建立了双护盾 TBM 模型，研究了 TBM 掘进过程中的纵向位移曲线（LDP）、接触力分布曲线（LFP）的规律。Swoboda[75]和 Galli 等[76]对 TBM 推进过程中的围岩受力和变形演化情况进行模拟，研究了围岩和衬砌两者的相互作用过程。Manouchehrian 等[77]通过非均匀动力学模型研究了软弱结构面的相对位置对深埋隧道岩爆的影响。沙鹏等[78]通过现场监测与数值模拟，研究发现层状围岩结构具有强度各向异性，地层开挖后支护受力极为不均，部分洞段衬砌甚至发生劈裂、掉块的现象。Feng 等[79]研究了穿越软岩和硬岩接触带对围岩与支护结构的影响，研究发现在接触带有明显的应力集中现象，同时软岩区应力向坚硬岩层转移，在接触带处发生了大变形和衬砌破坏。已有的 TBM 数值模拟研究对于深部复合地层多重支护机理的研究较少，未能揭示深部复合地层特有的工况条件对围岩和支护系统的影响规律。

浅部隧道支护结构的围岩压力主要为围岩自重荷载，而深部 TBM 隧道支护结构的围岩压力主要为围岩变形荷载，该应力的分布模式与支护时机密切相关，支护时机的选择是 TBM 掘进中重要的施工参数。F. Pacher 首先提出了收敛限制法，即地层特征线和支护限制线相交说明围岩变形已趋于稳定，此时是构筑二衬的最佳时机。收敛限制法从理论上解决了最佳支护时机问题。但理论解析无法提供实际隧道问题的解答。苏凯等[80]提出位移完成率的概念,通过构建开挖卸荷释放率与掌子面和监测断面间距离的关系,研究获得了位移完成率的最佳初支时机的确定方法。杨灵等[81]分析了隧道开挖后在应力释放率时的支护作用效果,研究对比了在不同支护时机下施作初支的围岩和支护结构的力学特征,研究得到较理想的初支时机。Liu 等[82]采用黏塑性蠕变模型对围岩的变形特性进行模拟,通过综合分析围岩变形和支护受力,确定了最佳支护时间。最佳的支护时间不仅可以减小围岩的变形,而且可以降低支护风险。在上述研究中,缺乏深部复合地层支护时机的相关研究工作。

1.2.4 围岩变形预测研究

围岩变形预测为隧道围岩稳定控制提供了重要的数据支撑,基于预测结果及时调整支护时机、支护方法和支护强度,确保 TBM 隧道支护结构安全。根据围岩变形的时空演化规律,灵活采用合适的开挖和支护方法,以控制围岩变形在基准值以下,保证围岩的长期稳定。

隧道的围岩变形演化具有时空特征,是一个高度非线性的过程。围岩变形经历缓慢变形—急剧变形—变形趋缓—位移收敛的过程,深部复合地层洞周围岩的变形又呈现非均匀分布,软岩和硬岩存在非协调变形的特点,很难通过确定性的理论模型进行预测。同时,对于数据的解译十分依赖于研究人员的经验,很容易造成误判和漏判。同时,在现有的围岩变形预测研究中,岩石力学传统的经验预测方法和统计预测方法[83-84]不能充分考虑多种影响因素对围岩稳定性的影响,并且在实际施工中不能针对不同的工况条件实时调整模型参数,从而实现动态预测。

随着机器学习的发展[85],其强大的数据非线性逼近能力和自学习能力能够从大量的高维数据中发现知识,更好提取岩体破裂演化的本质特征,更准确地挖掘围岩数据的空间分布规律,从而提升分类的准确性,模拟复杂的围岩演化模式。范思遐等[86]应用支持向量机用于地铁隧道沉降预测,并采用多核学习模型提高了预测精度。Shi 等[87]应用支持向量机(SVM)算法进行围岩变形预测研究,并将预测模型应用于青兰高速盘龙山隧道工程的变形预测中,获得了良好的应用效果。

神经网络是一种有效的非线性分析方法[88],其作为机器学习的一类算法已得到广泛的应用。神经网络不需要特别指定,可以得到输入与输出间高度非线性的映射关系，而且能够排除人为因素的影响，这一点使其更适用于工程运用，具有现实泛化的能力。Mahdevari 等[89]将收敛数据和通过现场勘察和室内试验获得的地质力学参数导入人工神经网络模型中进行训练，研究表明神经网络经过适当训练后能够准确地预测隧道收敛。李元松等[90]通过神经网络对隧道围岩收敛监测数据进行拟合研究，基于工程实例通过模型训练后的神经网络对隧道围岩的收敛变形进行了有效预报。马莎等[91]建立混沌-神经网络模型对大型地下洞室围岩位移进行长期预报。上述研究工作专注于围岩变形过程预测，却忽略了变形模式的影响。围岩变形模式预测对于围岩稳定控制同样重要，针对不同的围岩变形模式及时调整支护方案，才能做到对围岩变形全过程的实时动态有效控制。

1.2.5 围岩稳定控制研究

深部软硬复合地层中的软岩和高地应力构成了围岩发生挤压大变形的基本条件，极易引起隧道工程的失稳破坏。同时，由于复合地层中的软岩与硬岩的强度差异，两者的变形不协调现象更加剧了支护施作的难度。

何满潮等[92]提出了软岩工程支护理论，该理论认为隧道支护破坏是由于支护体与围岩体在刚度、强度以及结构等方面存在不耦合造成的，需要采取适当支护转化手段使得支护与围岩相互耦合。孙钧[93]提出的锚喷-弧板支护理论，即不能对软岩总是放压，放压达到一定程度要坚决支撑住，采用高强度钢筋混凝土弧形模板作为联合支护，采用先柔后刚的支护形式。万明富等[94]研究得到了锚喷网支护对于改善围岩受力状况、提高围岩自承能力的本质。张华等[95]提出深部岩巷稳定性控制的方法，即用具有高初锚力的超高强锚杆支护，并根据现场监测结果适时进行锚索加固和注浆补强，可有效控制深部巷道围岩的稳定性。肖同强等[96]提出分区耦合支护围岩稳定控制技术，即采用高强高预紧力“锚杆、注浆锚索、锚索”支护以及“分区注浆加固”技术，实现支护结构和围岩共同承载。周建军等[97]指出 TBM 导洞扩挖法在深埋长隧道上的优越性，即先采用小直径掘进机超前掘进导洞，然后采用扩孔机或钻爆法扩挖至设计断面，该工法能够有效控制断面稳定。

在深埋软弱围岩隧道开挖与支护过程中，围岩来压快、变形大且非均匀[98]，常规支护结构容易发生开裂破损，不能有效控制围岩变形。针对深埋软弱地层，多采用联合支护的方式进行围岩稳定控制，控制措施包括：锚网索技术[99-102]、钢格栅混凝土核心筒支护结构[103]、双层或多层支护技术[104]等。

Zhang 等[105]通过三维地质模型研究了复杂岩层深部隧道锚杆与衬砌支护系统的协同效应，试验结果表明软弱断层对围岩所受荷载不均匀性影响不大，但对支护系统荷载不均匀性影响显著，锚杆的承载能力较弱，主要作用是加固围岩，衬砌是支护承载的主体。Li 等[106]通过现场调查获得了深部破碎岩巷道的变形破坏机理，并提出了“双层锚喷和钢管混凝土”的联合支护方案。Hu 等[107]研究了非对称的节理岩体变形对 TBM 斜井围岩稳定性的影响，研究发现适当施加锚固支护能够控制节理岩体的不对称变形，在衬砌和节理岩体之间使用可压缩砂浆能够降低衬砌荷载的不均匀性。当前稳定控制研究多分析深部破碎、软弱岩体的大变形控制，对于深部复合地层的围岩稳定控制研究较少。复合地层含有的软、硬岩组合，支护施作需要有针对性地控制复合岩体的非协调变形。

1.2.6 现有研究存在的不足

尽管国内外研究学者对隧道支护作用机理和围岩稳定控制已取得了一定的研究成果，但仍存在以下需要进一步研究的问题。

(1) 当前反映深部 TBM 隧道复合地层加载与卸荷工况下围岩变形破坏机制的相关研究较少。由于围岩在加载和卸荷时呈现了不同的力学特征，加载路径较多用于研究隧道围岩以及支护系统的稳定性，卸荷路径较多用于研究实际开挖工况的围岩变形演化规律，因此研究加载与卸荷工况下的复合地层围岩变形破坏机制对于丰富复合地层围岩控制理论具有重要意义。

(2) 深部复合地层 TBM 隧道围岩稳定控制必须深入揭示围岩和支护体系的作用机理，当前对于深部复合地层多重支护机理的研究较少，并且当前试验研究忽略了软、硬岩非协调变形对支护系统的影响作用规律。同时当前支护机理的物理模型试验主要分析横断面隧道模型的变形演化规律，对纵断面隧道模型的研究较少。在纵断面模型中能够研究复合岩层结构面走向垂直于隧道轴线的工况，其围岩变形演化规律和支护作用机理与横断面隧道模型差距较大。

(3) 当前隧道变形预测研究忽略了围岩变形模式的影响。变形模式预测对于围岩稳定控制同样重要，针对不同的围岩变形模式及时调整支护方案，才能做到对围岩变形全过程的实时动态有效控制。

(4) 当前稳定控制研究多分析深部破碎、软弱岩体的大变形控制，对于深部复合地层的围岩稳定控制研究较少。复合地层含有的软、硬岩组合，支护施作需要有针对性的控制复合岩体的非协调变形。

1.3 主要研究内容与技术路线

1.3.1 主要研究内容

本书针对复合岩层的力学性质与破坏特征、深部复合地层 TBM 隧道围岩变形与支护作用以及围岩变形的非均匀支护结构控制开展了以下研究工作：

(1) 采用泥岩与砂岩胶结制作层间黏结强度已知的复合岩层试样，通过岩石力学伺服试验系统，开展了不同倾角含洞复合岩层的有侧限单轴压缩试验。通过岩土变形计算机视觉量测系统和声发射测试系统研究了复合岩层的力学、声发射特性以及变形演化特征，分析了非协调变形与损伤演化的关系，并结合数值模拟分析了倾角对复合岩层的损伤演化类型和分形维数的影响规律。

(2) 自主研制了中小型电机双轴加载隧道相似模拟试验系统，并研制了横、纵断面隧道模型箱以及衬砌与豆砾石充填灌浆的多重支护结构。根据复合地层结构面走向和有无支护的划分，基于该试验系统开展了不同工况的相似模拟试验，采用了岩土变形计算机视觉量测系统与应变监测系统得到了试验全过程的围岩表面位移场和内部的局部应力场，揭示了围岩破裂演化特征以及围岩与支护系统相互作用的规律。

(3) 采用损伤软化本构和动态掘进与支护的数值模拟方法，较为真实地模拟了深部复合地层围岩与支护系统的相互作用过程。分析了 TBM 掘进与支护过程中的洞周围岩位移、应力以及塑性区的变化趋势，总结了围岩与支护结构相互作用的规律，揭示了不同工况下的支护作用机理，探究了复合地层倾角、侧压力系数以及支护时机对围岩和支护系统的影响作用规律。

(4) 利用神经网络强大的非线性拟合能力对复合岩层变形全过程和变形模式进行了预测研究。基于前述章节的研究结果，提出了“衬砌＋非均匀抗剪锚杆”的联合支护方案用来控制深部复合地层的非协调变形，并通过数值模拟进行验证。

1.3.2 技术路线

本书综合采用室内试验、数值模拟、理论分析以及智能算法相结合的方法，较为全面地研究了复合岩层的力学性质与破坏特征、深部复合地层 TBM 隧道围岩变形与支护作用以及围岩变形的非均匀支护结构控制，技术路线如图 1-5 所示。

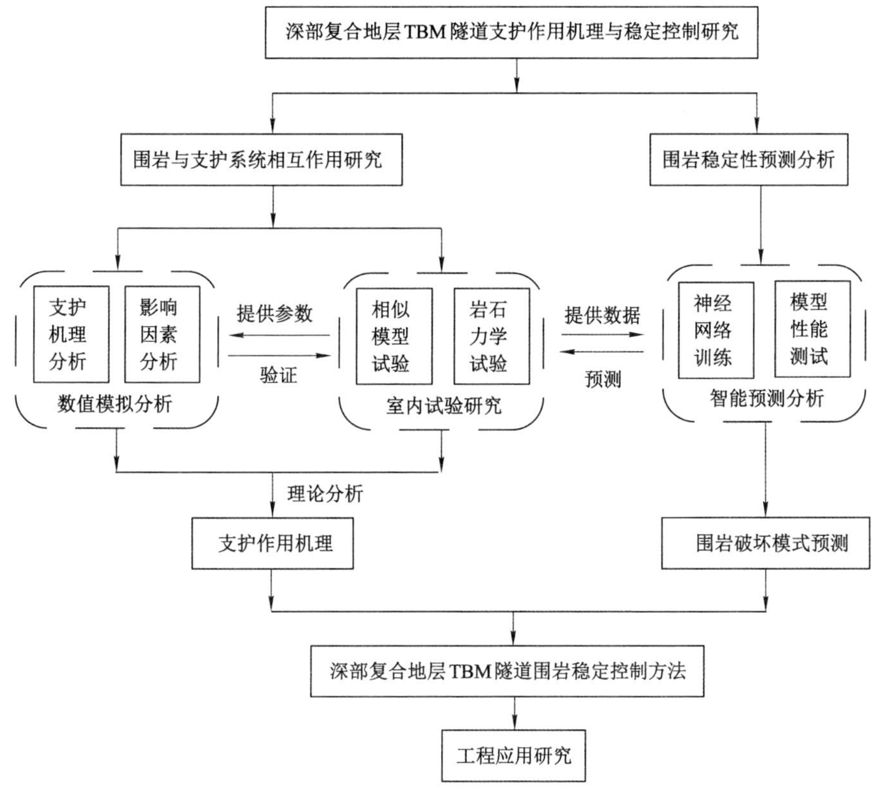

图 1-5　技术路线

第 2 章　深部复合岩层的力学特性与变形特征

上软下硬复合岩层是 TBM 隧道施工中一类常见的特殊地层条件，分析隧道洞周复合岩层的变形破坏演化规律有助于评价隧道稳定性以及研究围岩和支护的相互作用。与此同时，地应力是 TBM 隧道施工中影响围岩岩体稳定性的重要因素[108]，高地应力容易诱发硬岩岩爆，或者导致软岩挤压大变形等一系列工程灾害。本章旨在研究地应力升高时复合岩层的变形破坏演化规律，首先介绍复合岩层试样的制备方法，然后通过岩石力学伺服试验系统，获得复合岩层试样在有侧限单轴压缩条件下的力学性质与破坏特征，最后通过数值模拟定量分析复合岩层的损伤演化过程。

2.1　试验材料与试验过程

2.1.1　试验材料与试样制作

复合岩层的组合形式复杂，在复合岩层结构面走向平行于隧道轴线的地层工况下，以“上软下硬”的地层组合形式最为典型。本章选用上部泥岩（软岩）和下部砂岩（硬岩）的复合岩层，该岩层组合在沉积地层较为常见。泥岩和砂岩材料均取自四川省仁寿县，通过 X 射线衍射（XRD）分析得到试验材料的矿物组成[表 2-1 和图 2-1(a)]。通过扫描电镜（SEM）得到试验材料的微观结构，可以看到泥岩的微观结构相对松散，并含有较多的孔隙和裂隙；而砂岩的微观结构致密，含有较少的孔隙和裂隙。材料的基本力学性质见表 2-2，可见软岩和硬岩的弹性模量和强度差异较大，微观结构的不同导致了泥岩和砂岩宏观力学特性的差异。

表 2-1　复合岩层样品的矿物类型与成分

类型	矿物含量/%				
	石英	长石	菱铁矿	方解石	黏土矿物
泥岩	49.3	16.3	0.9	—	33.5
砂岩	82.8	3.1	0.9	0.2	13.0

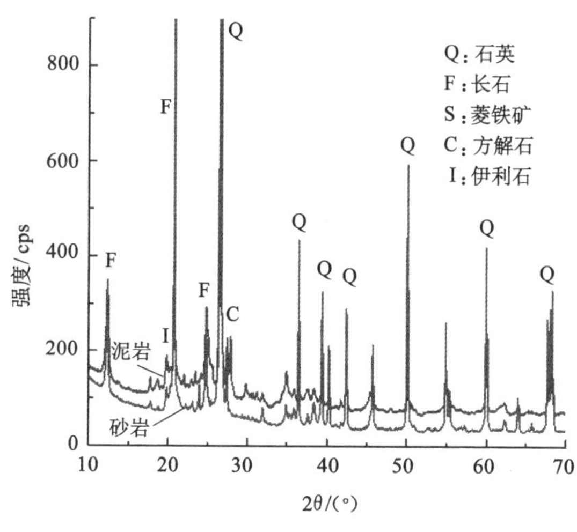

（a）矿物成分

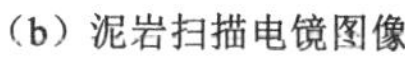

（b）泥岩扫描电镜图像　　（c）砂岩扫描电镜图像

图 2-1　复合岩层样品的矿物成分和微观结构

表 2-2　复合岩层样品的基本力学性质

类型	单轴抗压强度 σ_c/MPa	抗拉强度 σ_t/MPa	黏聚力 C/MPa	内摩擦角 ψ/(°)	弹性模量 E/GPa	泊松比 v
泥岩	12.23	1.48	2.57	34	1.50	0.30
砂岩	45.86	3.31	7.92	45	5.97	0.24

泥岩-砂岩复合岩层的结构面属于沉积结构面，施工扰动很难得到完整大尺寸的含自然沉积结构面的复合岩层样品。此前有关学者采用类岩石材料的方法对复合岩层进行模拟[11,109]，但该方法的层间结构面黏结强度是未知的。在层间黏结力作用下，软岩的体积膨胀会带动硬岩发生变形，层间黏结强度是影响复合岩体破裂演化特征的重要因素之一。

本章采用人工胶结的方法模拟沉积结构面，通过胶结剂将软岩和硬岩胶结为一体。为获得结构面的黏结强度，需要对胶结后的结构面进行剪切测试。如图 2-2(a)所示，在加工变角剪切试样时预先留有 0.5 mm 胶缝，胶结剂选用江山牌云石胶，胶结剂固结后获得 ϕ50 mm×50 mm 的圆柱试样。经变角剪切试验得到人工胶结的结构面黏聚力为 0.15 MPa，与实际的自然沉积结构面的数值(0.1 MPa)较为接近[110]。然后选用相同的胶结参数进行方形含圆形孔洞试样的加工，经过胶结[图 2-2(b)]、钻孔[图 2-2(c)]和人工制斑[图 2-2(d)]，完成试样的制备。在观察面进行了人工制斑是为了保障后期岩土变形计算机视觉量测的识别精度，制斑时采用油漆自然抛落喷洒的方式，喷射方向与制斑面平行，使得油漆的落点均匀。

试验所用的岩石试样均取自相同的整块岩石样本，试样经过切割与打磨后得到纯平的平面，保障加载受力均匀。在试件中央预钻孔模拟已开挖后的 TBM 隧道，钻孔的尺寸效应比较明显，尺寸过小，岩体的强度和结构效应更加显著[111]，影响了隧道围岩的破裂演化行为。由于是预成孔，不用考虑开挖对岩体的扰动影响。同时受到最大荷载与侧限拉杆强度的限制，试件尺寸不宜过大。综合考量后将洞径设定为 40 mm，方形试件的尺寸为 150 mm×150 mm×45 mm。采用水钻在试样中央进行钻孔，钻孔方向与制斑面垂直。图 2-3 为复合岩层示意图，复合岩层试样上部为软岩，下部为硬岩，倾角 α 分别为 0°、30°、60°和 90°，每个倾角加工两组试样。

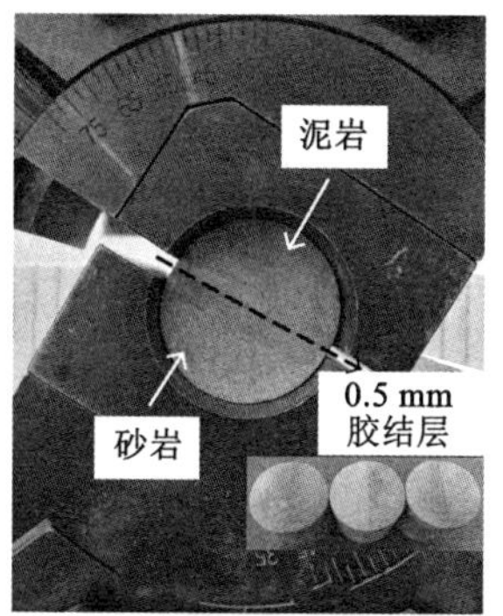

（a）变角剪切测试

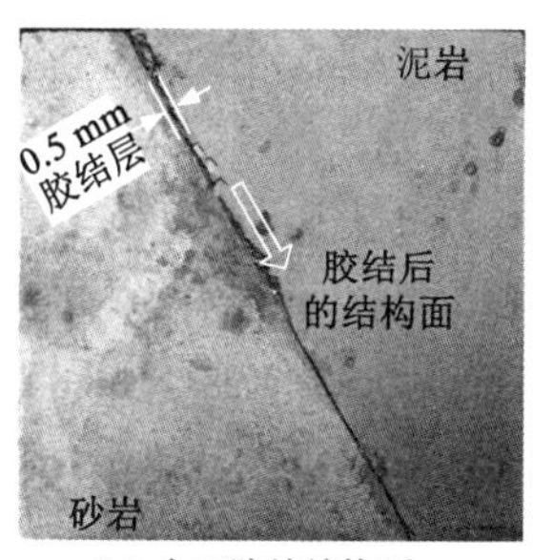

（b）人工胶结结构面

（c）钻孔

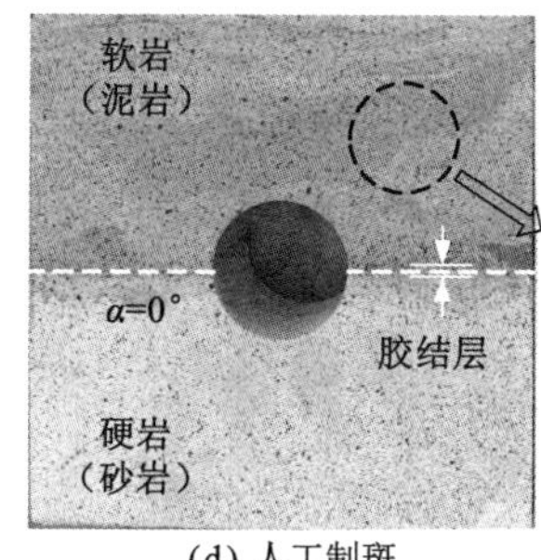

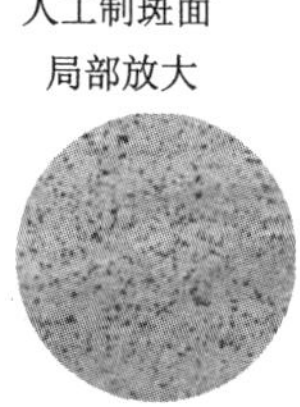

（d）人工制斑

图 2-2　含圆形孔洞复合岩层试样的制备过程

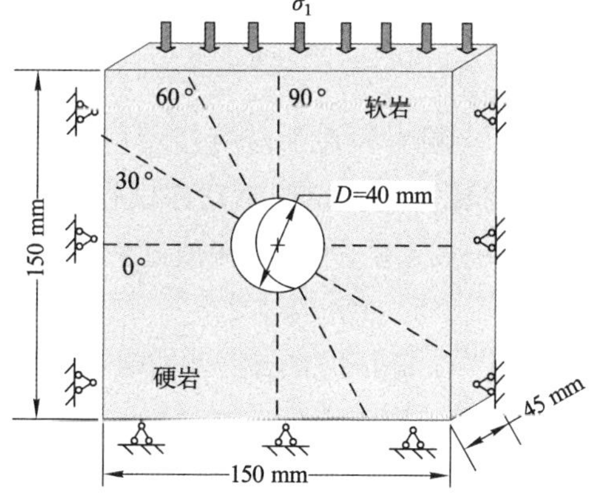

图 2-3　试验的加载边界条件

2.1.2 试验系统

如图 2-4(a)所示，试验系统由 MTS816 伺服控制加载系统、岩土变形计算机视觉量测系统以及声发射监测系统组成。为了模拟围岩的边界条件，在试样两侧放置了两块钢板并由横轴进行约束。在试样和加载板上均匀涂抹润滑油来降低端面摩擦。

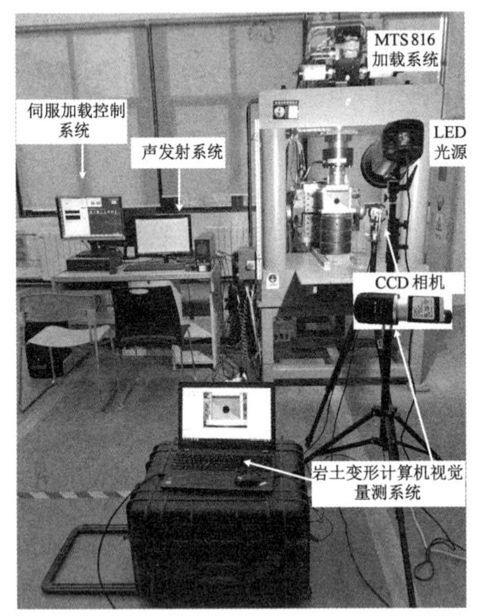

(a) 前视图

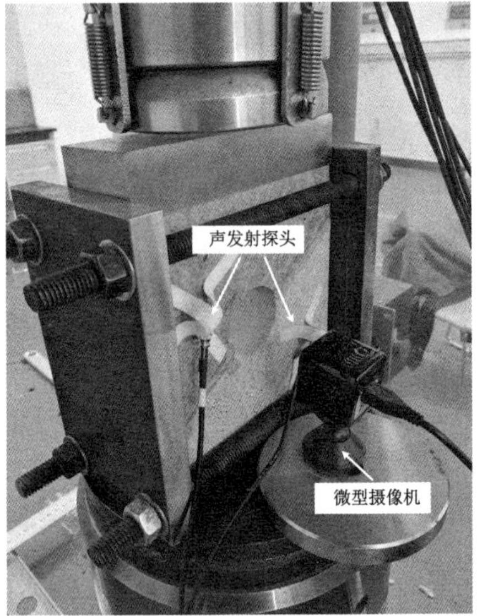

(b) 后视图

图 2-4 试验系统布置

声发射监测系统用于监测岩样在加载过程中的损伤破裂演化特征，如图 2-4(b)所示，将两个声发射探头用热熔胶粘贴在试样背面，并用胶带固定。实验过程中实时记录声发射全波形信号，噪声阈值设置为 45 dB，前置放大器设置为 40 dB。

采用工业 CCD(Charge-Coupled Device)相机采集试样表面的破裂演化图像，采集间隔为 8 张/s。采用课题组自行研制的岩土变形计算机视觉量测系统(PhotoInfor)对图像进行位移量测分析，得到岩样的位移场和应变场。该软件已经得到理论[112]和试验的验证[113]，精度满足本章试验的要求。通过像素与实际尺寸进行换算，得到本次实验的岩土变形计算机视觉量测精度为 0.058 mm/像素。

分析网格通过 ANSYS 有限元软件导入，网格间距为 48 个像素，共包含1 281个网格块，像素块搜索半径为 15 个像素。在试样背面放置一台微型摄像机，用来实时采集洞内的变形破裂图像。

变形量测方法在物理试验中应用广泛，本章采用的软件算法为数字散斑相关方法(DSCM)，原理基于变形前后两个像素块之间的相似性计算，判别它们是否为相同点，以此来进行位移与应变的计算。但是如果测试样品出现裂纹则会影响量测的相关性计算，进而影响量测精度。本章采用课题组研发的“一点五块”(OPFPM)算法解决含裂隙的变形量测问题，有助于提高复合岩层变形演化研究的精度。如图 2-5 所示，应用 OPFPM 算法后可以明显避免由于裂隙引起的测量误差。

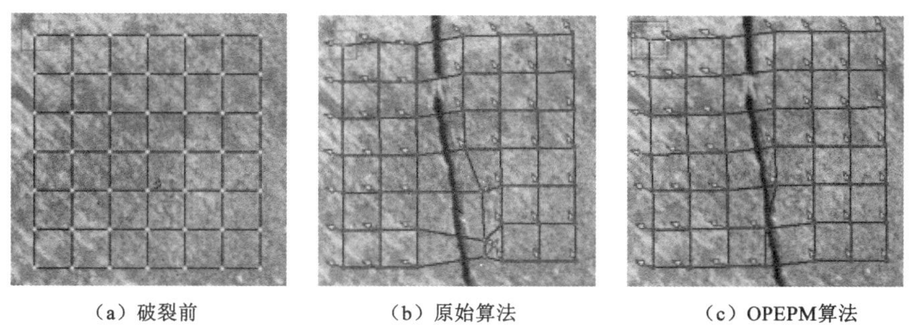

(a) 破裂前　　(b) 原始算法　　(c) OPEPM算法

图 2-5　PhotoInfor 软件识别破裂变形准确度比较

2.1.3　试验过程

试验开始前，先将约束两侧钢板的横轴螺栓拧至相同扭矩，从而使得每组试验的初始围压相同。然后采用变形控制的方式进行加载，若按力控制，试样极易发生崩裂式的破坏，无法获得完整的峰后应力应变曲线。加载速度设定为 0.1 mm/min，直至试样完全破坏。试验数据的采集时间间隔为 1 s，试验过程中实时获得观察面(人工制斑面)的图像以及声发射数据。

2.2　复合岩层力学与声发射特性

复合岩层特殊的地层组合方式使得破裂演化规律与均质岩层有较大差异。软岩结构松散、弹性模量小，前期由于孔隙和微裂纹的压密，会有相对较多的声发射事件，峰后应变软化较为明显，表现为延性破坏；硬岩质地紧密、弹性模量大，前期由于压密产生的声发射事件较少，主要表现为峰值时的脆性破坏。软岩与硬岩的组合体产生了特殊的损伤破裂演化特征。

图 2-6 所示为含圆形孔洞复合岩层的声发射演化规律曲线，由图可知声发射事件、累计事件与加载时间的关系。当复合岩层倾角为小角度(0°和 30°)时，声发射特征与软岩相似，前期有相对较多的声发射事件；当复合岩层倾角为大角度(60°和 90°)时，声发射特征表现与硬岩相似，表现为峰值时的脆性破坏。

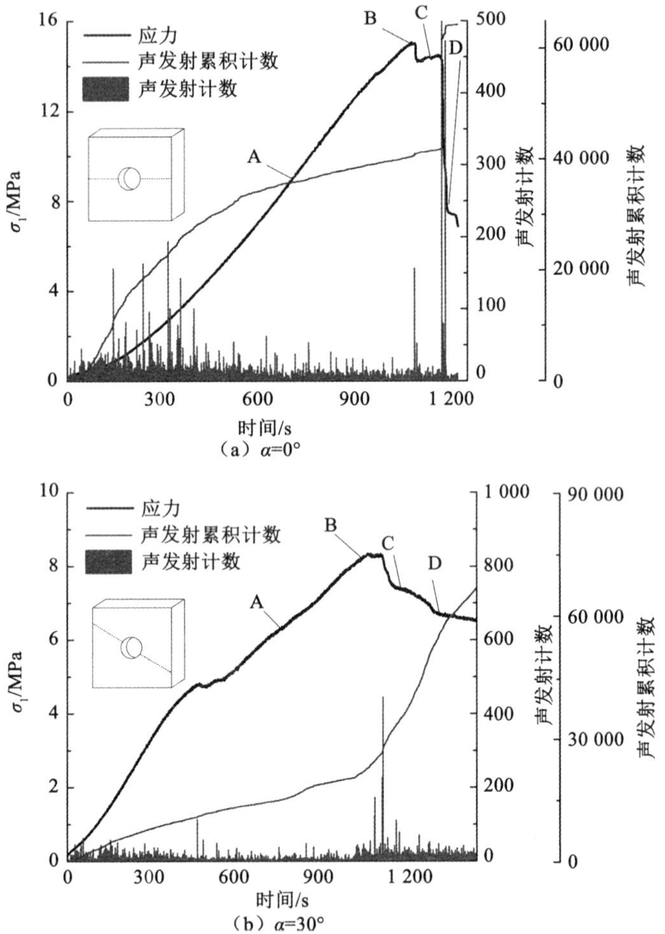

图 2-6　含圆形孔洞复合岩层应力-时间-声发射事件关系曲线

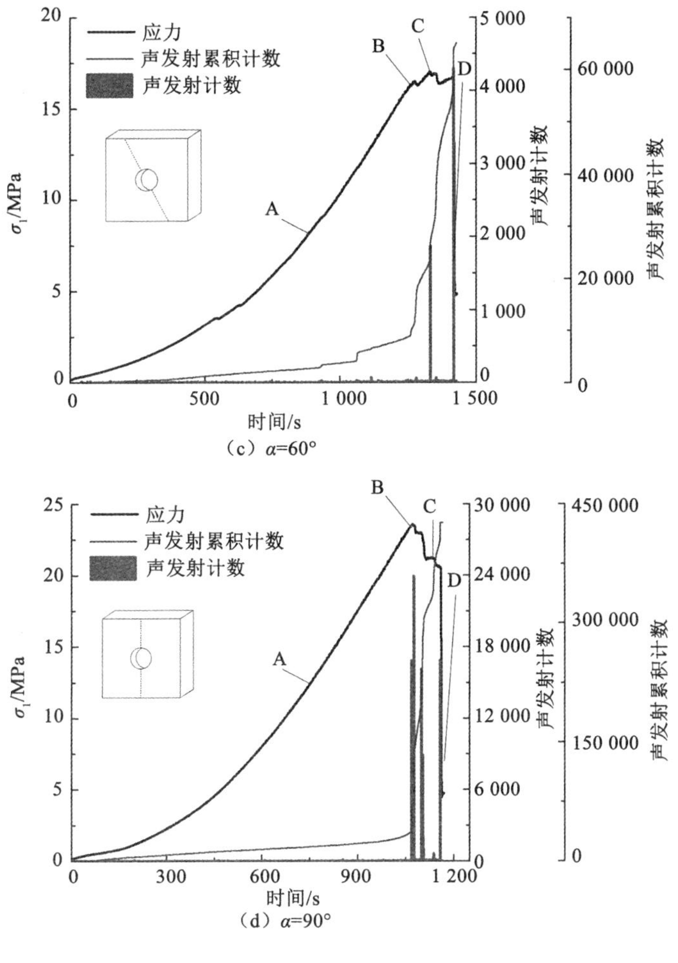

(c) α=60°

(d) α=90°

图 2 6 （续）

在加载初期，随着倾角的增加，声发射累积计数曲线的斜率逐渐减小。这是由于在加载初期，岩体处于压密阶段，小角度复合岩层上部软岩为主要损伤区。在大角度时，硬岩对复合岩体起到了支撑作用，所以监测到的声发射事件数较少。在峰后阶段，各个复合岩层倾角试样的声发射事件都非常活跃，可见明显的声发射事件柱，表明发生了较多的岩体破裂，其中大角度的试样尤其明显。

声发射事件峰值对应的位置反映了能量的积聚与释放的规律，其也受到复合岩层倾角的影响。在倾角 0°到 60°时，最大的声发射峰值和最后的岩体破坏对应；在 90°，最大的声发射峰值发生在应力峰值处，并没有出现在岩体最终破坏处。这是由于在 0°到 60°，软岩发生较多的损伤破坏，从而释放了部分破裂能量，所以在峰值处没有释放较大的断裂能。在 90°时则相反，峰前表现为硬岩的力学特性，积聚了较多的能量在峰值处释放，产生了最大的波幅。

图 2-7 所示为复合岩层倾角对强度与变形参数的影响规律，图中数据点由所有的试验值和平均值绘制。强度和弹性模量都随着倾角的增加，呈现先减小后增加的趋势，呈现 V 形的特征。最大和最小值分别出现在 30°和 90°。峰值应变呈现了不同的规律，除 60°之外，其余数值受到倾角的影响较小。将试验结果平均值的最大值与最小值之比定义为各向异性程度 A_n，得到峰值强度的各向异性程度为 2.7，峰值应变的各向异性程度为 1.3，说明复合岩层的强度各向异

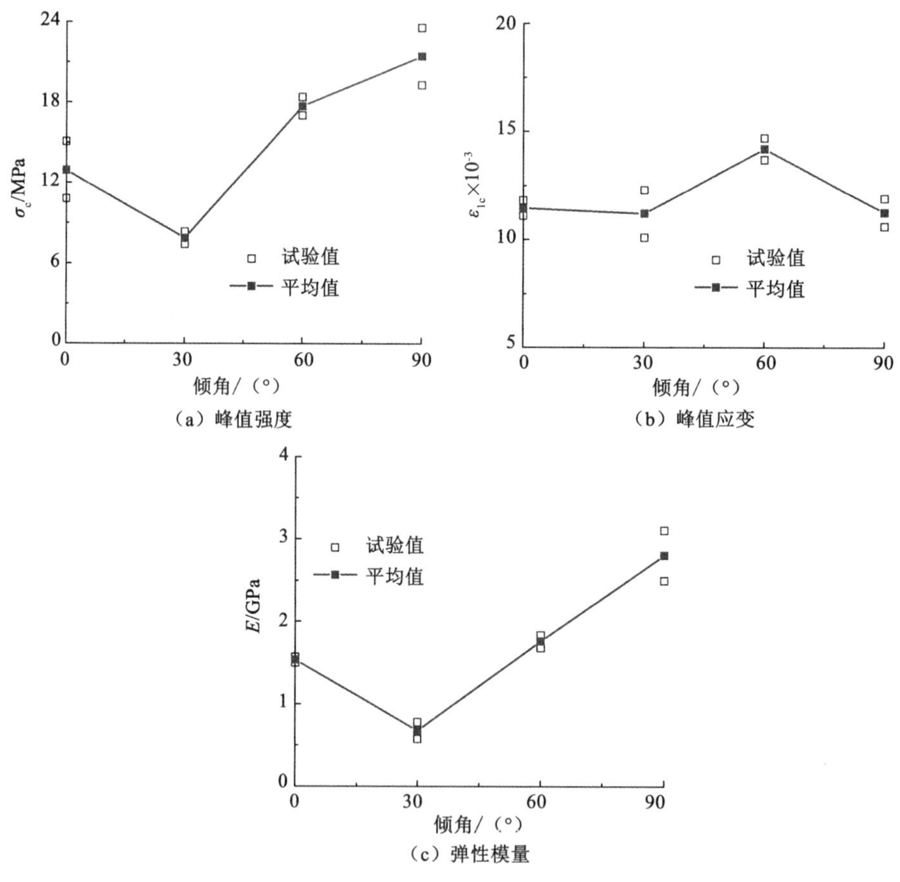

图 2-7　含圆形孔洞复合岩层倾角对强度与变形参数的影响

性程度大于变形各向异性程度。60°倾角的复合岩层具有独特的变形演化特征，结合了软岩和硬岩的变形特点，在峰前软岩在变形中起到主导作用，在峰后硬岩则起到主导作用，这一现象将在下一节进行详细探讨。

2.3　复合岩层变形演化特征与破坏模式

2.3.1　复合岩层变形破裂演化规律

图 2-8 所示为基于岩土变形计算机视觉量测获得的复合岩层变形破裂演化情况，位移云图的颜色代表变形量的大小，反应加载过程中的位移变化情况。本章选取了加载变形全过程的位移云图，各张云图的应力状态对应于图 2-6。

(1) 图 2-8(a)所示为倾角 0°时洞周复合岩体的位移演化情况，位移主要发生在软岩部分，由于圆孔的存在，在洞周形成了“漏斗状”的不均匀变形区。当荷载增加到 B 点[图 2-6(a)]时，变形集中区首先出现左侧软、硬岩结构面处。由于很难获得极为均质的岩石材料，所以此时变形集中区并没有同时出现在右侧结构面。当荷载增加到 C 点时，拱顶出现了破裂区，同时由于破坏后的应力重分布，洞周附近变形区也发生了变化。在峰后阶段(D 点)，变形破裂区分布于软岩的拱顶和边墙位置，各个小的破裂区相互连通形成大的变形破裂带。如图 2-9(a)所示，在洞周 10 mm 处，位于拱顶、拱底和两边墙处各设置一个位移测点，得到了 4 个测点的试验全过程位移演化图。倾角 0°时，拱顶在变形的全过程中位移量远大于其他部位，其他部位在峰前的位移比较稳定，在峰后 4 个测点同时发生了位移陡增。拱顶的位移峰值对应时间早于洞周其他部位，说明拱顶最先发生破坏，然后拱顶的破坏带动了边墙和拱底的变形，岩体发生了最后破坏。

(2) 图 2-8(b)所示为倾角 30°的洞周岩体位移演化情况，位移集中区域首先出现在拱顶(A 点)，当荷载增加到 B 点时，破坏区沿着结构面扩展延伸到边墙。到 C 点时，破坏区继续延伸，边墙的破坏加剧。当荷载增加到 D 点时，整个上部软岩区发生了剪切滑移破坏。与倾角 0°相比，倾角 30°时硬岩区几乎没有变形。这是由于在倾角 0°时，软岩将荷载传递给了下部的硬岩，由于是变形加载，硬岩的部分变形缓解了软岩的破坏。倾角 30°时，荷载的传递相对较小，破坏主要为软岩内部的剪切滑移破坏，对下部硬岩的影响很小。如果从变形协调的角度分析，倾角为 0°时复合岩体的软岩与硬岩的变形协调程度要大于倾角

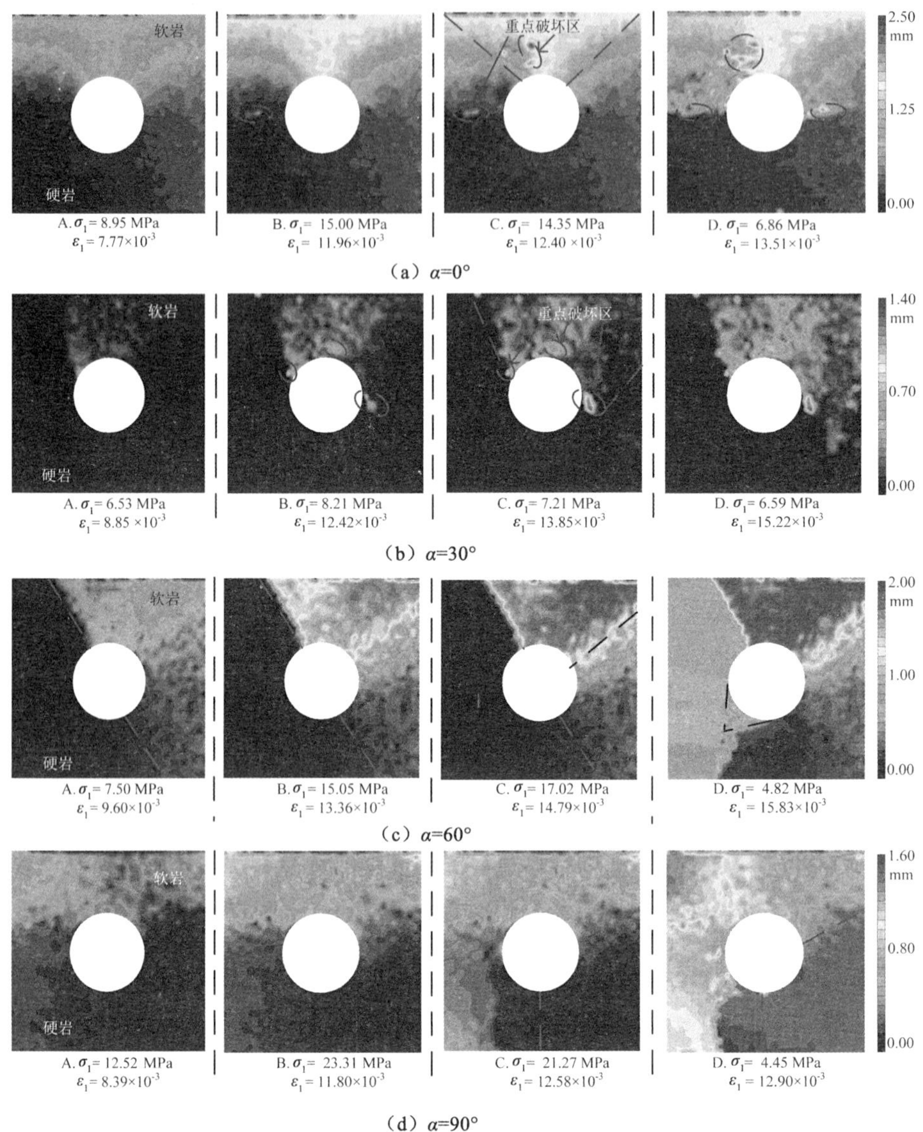

图 2-8　复合岩层变形破裂演化规律(对应于图 2-6 所在的应力状态)

30°的情况,相对变形较协调的 0°复合岩体试样使得软岩的损伤程度得以降低。由图 2-9(b)可见,由于软岩的剪切滑移产生的大变形以及围岩边界的约束作用,软岩区位移曲线呈现阶梯状,硬岩区几乎没有位移。

(3) 图 2-8(c)所示为倾角 60°时洞周岩体位移演化情况,可见软岩和硬岩有

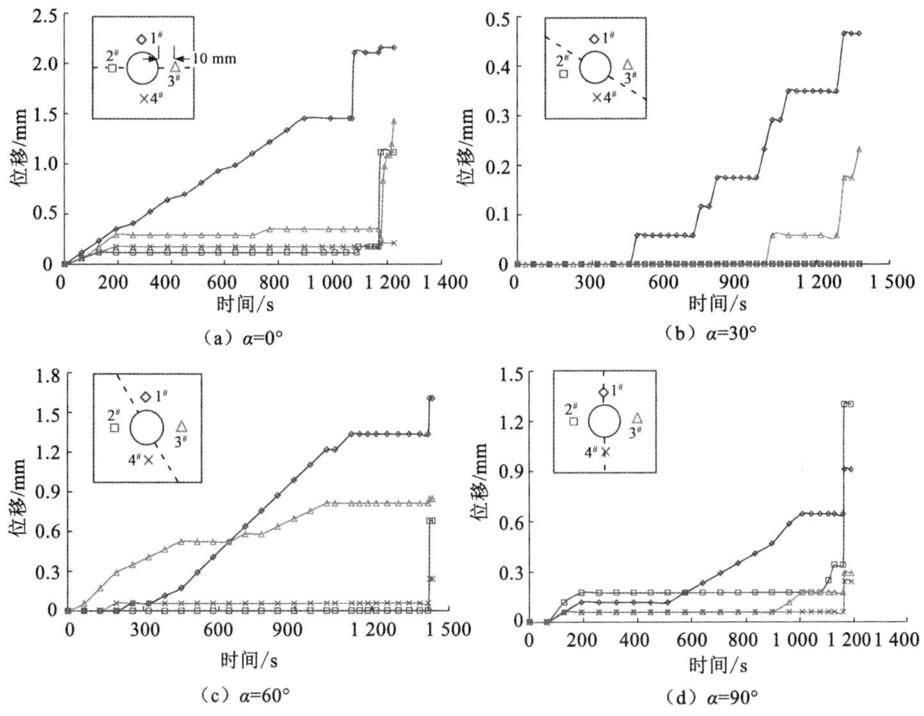

(a) $\alpha=0°$　(b) $\alpha=30°$

(c) $\alpha=60°$　(d) $\alpha=90°$

图 2-9　围岩测点位移对比图

明显的变形不协调现象。在峰前，变形区主要出现在软岩部分，尤其是软岩拱顶位置。峰后硬岩发生破坏，在垂直于结构面的方向出现破裂带，呈现了 V 形的切口破坏(D 点)。由图 2-9(c)可知，软岩(3#)的位移在整个加载阶段大于硬岩(2#)，并且结构面处出现了整体滑动。在软岩侧，拱顶(1#)和右边墙(3#)的变化趋势也有不同。在加载初期 3# 增长率大于 1#，此时软岩的岩体破裂沿着垂直于结构面的方向发展。随着荷载继续增加，边墙破坏导致了拱顶沿着结构面发生大变形，使得变形量急剧增加。复合岩层变形具有明显的时空演化特征，洞周不同位置的变形演化规律存在差异，同时变形具有缓慢—加速—变缓—继续加速的规律。

(4) 图 2-8(d)所示为倾角 90°时洞周岩体的位移演化情况，峰前变形主要分布在岩体的上部，峰后变形集中在硬岩区，这与实际工程中深部地层硬岩段容易发生岩爆灾害的情况一致。由图 2-9(d)可知，硬岩侧边墙(2#)的位移大于软岩侧(3#)。与其他倾角试样的不同点在于，在倾角 90°复合岩层中硬岩承载了大部分荷载，并对软岩侧有较强支撑作用。

由图 2-10 可知软、硬岩的非协调变形与复合岩层的损伤演化的关系，图中的非协调变形由图 2-9 中的软、硬岩洞周两侧对称测点的位移进行相减得到，并与声发射累积计数曲线进行了对比，图中软岩和硬岩的相对位移以箭头表示。当地层倾角为 0°、30°和 90°时，非协调变形曲线与声发射累积计数曲线趋势较为接近。此时倾角 0°和 30°试样的围岩损伤主要出现在软岩部分，90°试样则主要受硬岩破坏的影响。但是当倾角为 60°时，围岩的非协调变形与声发射累积计数曲线并不一致，这是由于峰前和峰后，复合岩层的变形主体发生了变化。由图 2-8(c)可知，峰前的变形区主要出现在软岩部分，软岩为承载围岩压力的主体；峰后硬岩在垂直于结构面方向出现的破裂带主导了岩体的变形，硬岩的破坏导致了岩体最后的垮塌。所以可以从控制岩体的非协调变形角度进行支护系统设计，进而控制复合岩体的稳定性。

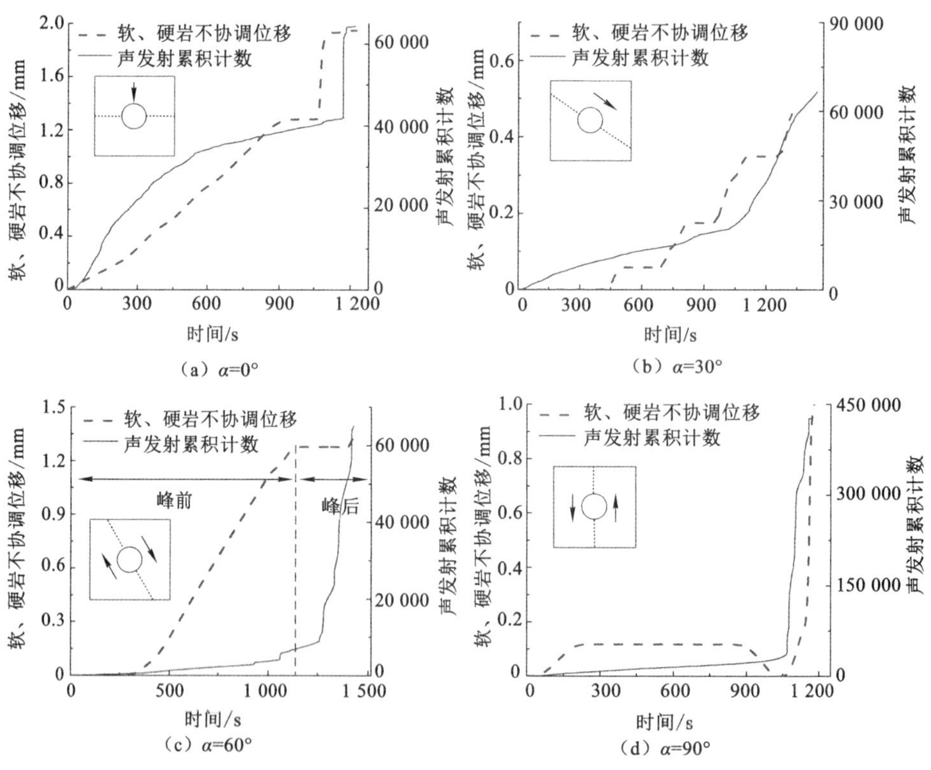

图 2-10　复合岩层的非协调变形与损伤演化的关系

通过上述对复合岩层变形演化规律的分析，可以得到以下结论：

当复合岩层倾角为小角度（0°和 30°）时，结构面控制了岩体的变形。变形主要发生于洞周的结构面处，并在软岩中扩展，实际工程中表现为软岩大变形。当复合岩层倾角为大角度（60°和 90°）时，软岩和硬岩共同承载围岩压力，两者都发生变形，同时硬岩对软岩有支撑作用。其中倾角为 60°时，峰前的变形主要发生在软岩区，而峰后的变形则主要发生在硬岩区。倾角为 90°时，硬岩承载了大部分围岩荷载，峰后变形主要发生在硬岩区，工程中表现为深部高地应力下硬岩区隧道的岩爆灾害。

复合岩层中软、硬岩的非协调变形控制了岩体的损伤破坏演化过程。可以从控制岩体的非协调变形角度进行支护系统设计，进而控制复合岩体的稳定性。当倾角为 0°、30°和 90°时，非协调变形曲线与声发射累积计数曲线趋势较为接近，变形由软岩主导或由硬岩主导。当倾角为 60°时，由于复合岩层的变形主体在峰前和峰后发生了变化，由峰前的以软岩为主转变为峰后的以硬岩为主，导致非协调变形曲线与声发射累积计数曲线趋势不一致。

2.3.2　复合岩层破坏模式

图 2-11 为试件最后破坏位移矢量图，为了更清晰看到位移矢量的形式，对图中的重点破裂区进行了局部放大处理。由位移矢量模式可以得知裂纹产生的原因[33]，根据图中的裂纹产生形式将裂纹分为 3 类：直接剪切（DS）、间接剪切（RS）和拉剪破坏（ST）。直接剪切是两个块体向相反方向移动产生的剪切力；间接剪切是两个块体向相同方向移动，但是位移不同产生的相对剪切力；拉剪破坏是两个块体移动的方向不同，同时产生了拉伸和剪切力。

由图 2-11 和图 2-12（a）最终破裂时图像可知，当倾角发生改变，复合岩层的破坏模式也相应发生了变化。当地层倾角为 0°时，主要破坏区为软岩边墙和拱顶的拉剪破坏；倾角为 30°时，主要破坏区为结构面间接剪切产生的剪切滑移破坏，并带动了软岩近边界侧的直接剪切破坏；倾角为 60°时，软岩结构面处发生了间接剪切，以及拱底硬岩处发生了直接剪切破坏；倾角为 90°时，主要表现为硬岩拉剪产生的崩裂破坏。

对比图 2-10（c）（d）可知，大角度中 60°和 90°的非协调变形曲线有较大差异，60°时峰前斜率较大、峰后平缓，90°时则峰前比较平缓、峰后急剧上升。这个差异可以由两者的破裂模式进行解释：60°时，间接剪切起到主导作用，峰前表现为软岩渐进式的剪切滑移破坏；90°时的破坏模式为峰后的硬岩脆性崩裂。

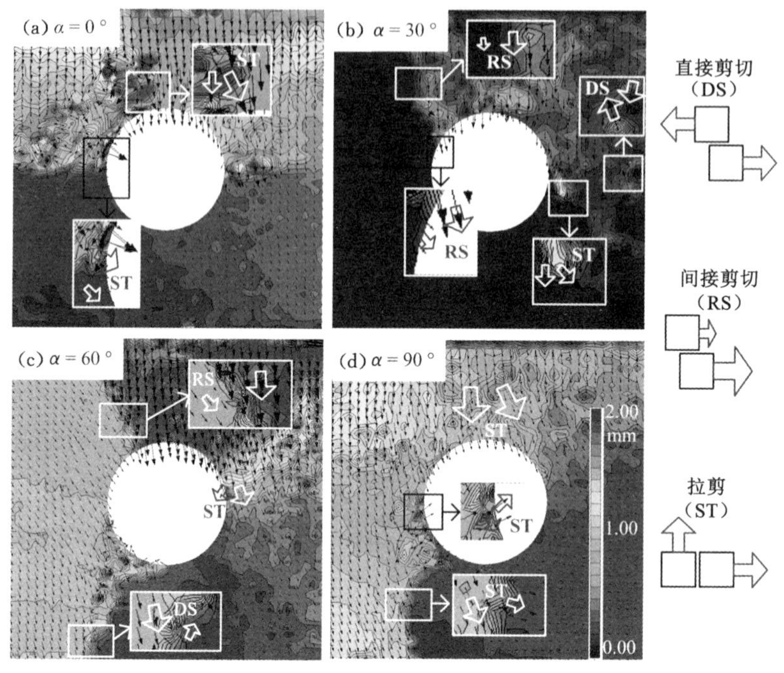

图 2-11　试件最后破坏位移矢量图

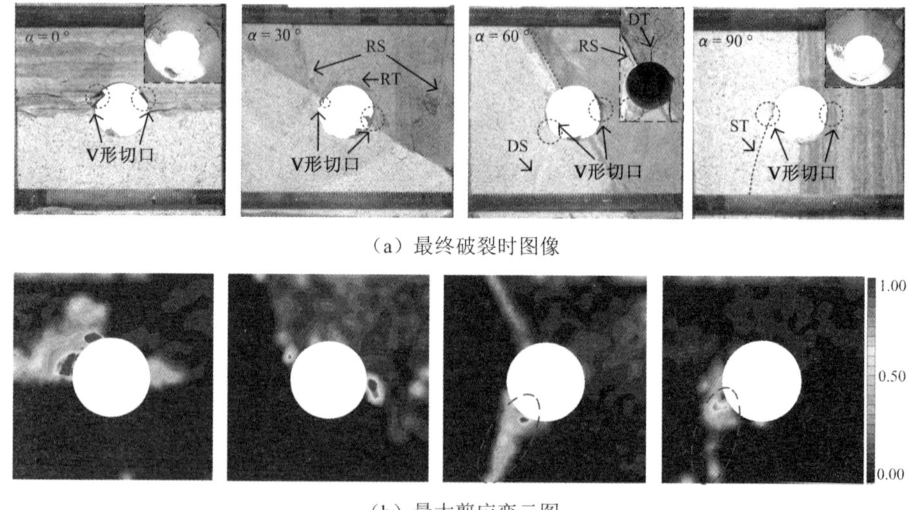

（a）最终破裂时图像

（b）最大剪应变云图

图 2-12　复合岩层的破坏模式图

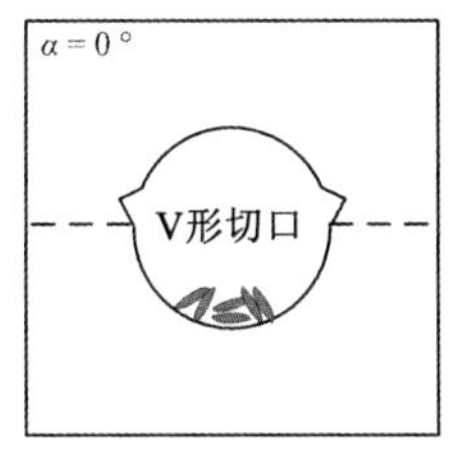

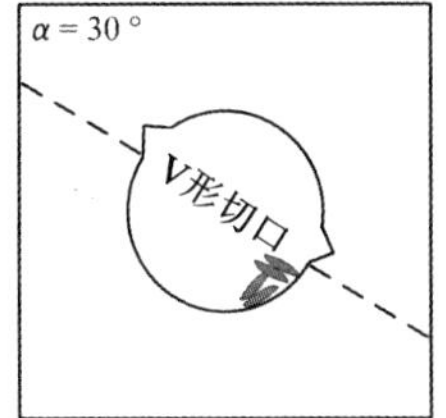

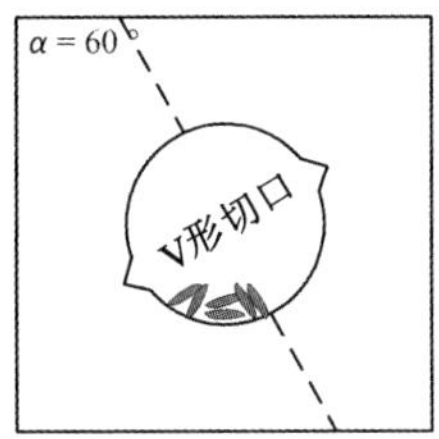

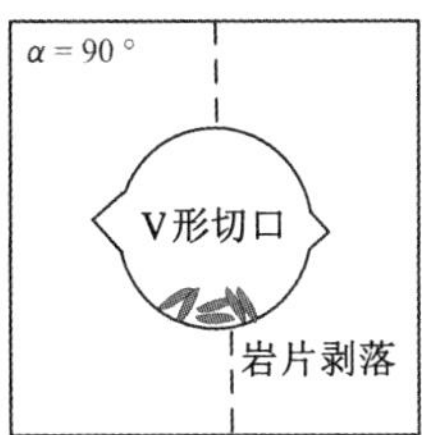

(c) 洞内破坏模式素描图

图 2-12 （续）

图 2-12(b)为岩体破裂时的最大剪应变云图，当小角度(0°和 30°)时，应变集中区沿着结构面方向在软岩区分布，结构面控制了损伤破裂的发展；当大角度(60°和 90°)时，较多的应变集中在硬岩部分，随着倾角从 60°到 90°，硬岩处裂纹形式呈现由平直的剪切裂纹向劈裂形式变化。

由图 2-12 的(a)(c)可知，V 形切口破坏由洞内向外扩展，并且延伸的方向随着岩层倾角发生变化。小角度(0°和 30°)时，V 形切口由洞内沿着结构面的方向向外扩展，边墙发生了渐进式的剥落破坏；大角度(60°和 90°)时，V 形切口由洞内沿着垂直结构面的方向向外扩展，硬岩侧的破坏更加显著。

2.4　复合岩层损伤演化模拟分析

2.4.1　数值模型的建立

通过室内试验能够得到复合岩层的力学性质以及变形演化的规律，但是无法得到内部定量的损伤演化情况。本章以 FLAC 3D 为数值模拟工具，通过建立复合岩层的数值模型，研究有侧限单轴压缩情况下含圆形孔洞复合岩层试样的损伤演化特征。表 2-3 所示为数值模型的力学参数。数值模型采用损伤软化本构模型[114](图 2-13)，能够反映深部复合岩层在峰后变形阶段的力学特性。

表 2-3　数值模型的力学参数

类型	黏聚力 C/MPa	内摩擦角 ψ/(°)	弹性模量 E/GPa	泊松比 v	抗拉强度 σ_t/MPa	剪胀角 /(°)	临界等效塑性应变	屈服应力比	弹性模量折减系数
软岩	2.57	34	1.50	0.30	1.48	6	0.040	0.93	0.3
硬岩	7.92	45	5.97	0.24	3.31	8	0.005	0.99	1.0

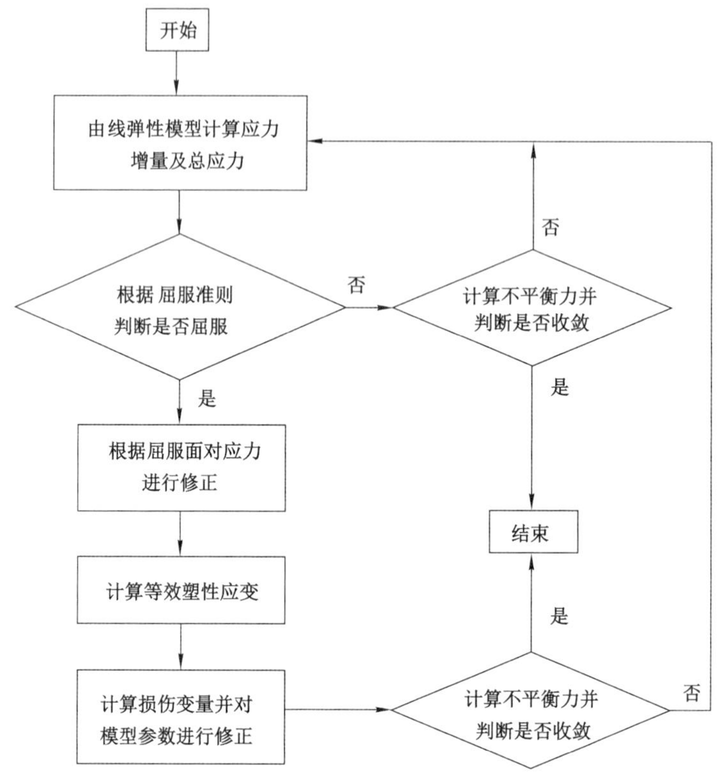

图 2-13　FLAC 3D 采用的损伤软化本构模型[114]

图 2-14 给出了标准圆柱形试样的单轴压缩曲线，数值模型与室内试验在强度上能够较好地吻合。由于数值模拟无法模拟室内试验岩样的压密过程，所以在峰值应变上存在差距。此外在加载初期，室内试验因孔隙和微裂隙的压密而出现了曲线内凹的现象，数值模拟因无法模拟孔隙和微裂隙的压密则为平直的直线。

2.4.2　损伤演化规律

图 2-15 所示为含圆形孔洞复合岩层有侧限单轴压缩的损伤演化情况(图中浅色区域为损伤区，深色区域为未损伤区)。各个岩层的损伤都是由洞内开始向外扩展(12 000 步图)，并且扩展方向因岩层倾角影响也发生改变，损伤扩展规律与室内试验相同(30 000 步图)。小角度(0°和 30°)时，由洞内沿着结构面的方向向外扩展，损伤多集中在软岩区；大角度(60°和 90°)时，由洞内沿着接近

模拟曲线
试验曲线
σ_1/MPa
$\varepsilon_1 \times 10^{-3}$
（a）软岩
（b）硬岩

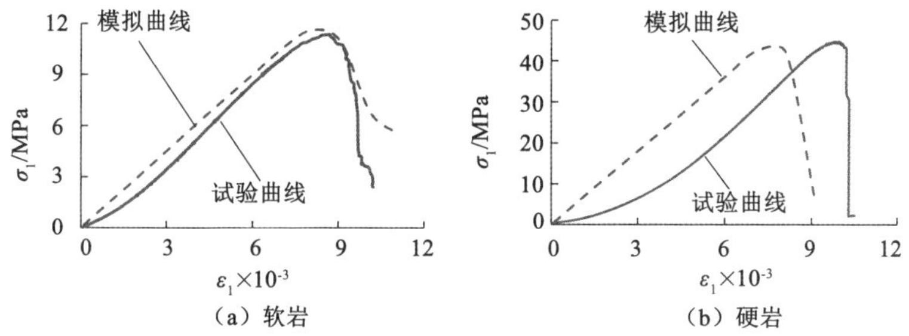

图 2-14　单轴压缩下数值模型与室内试验对比图

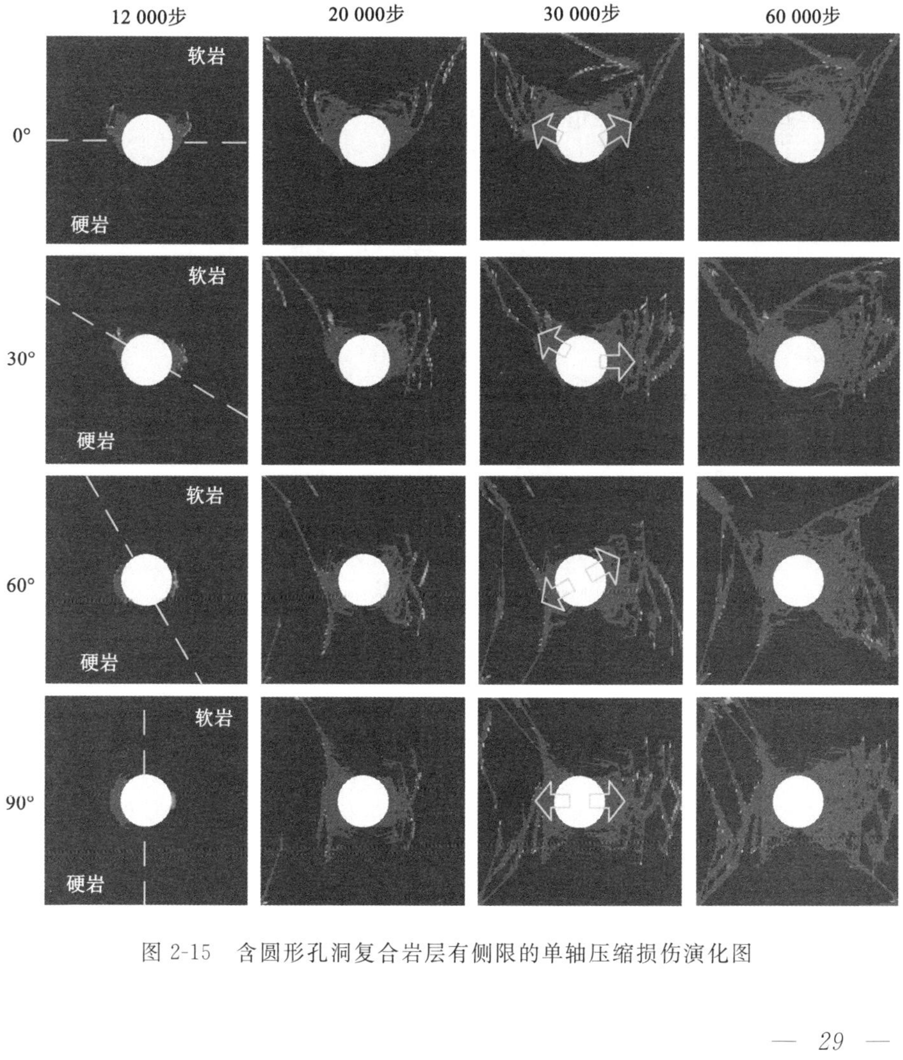

12 000步
20 000步
30 000步
60 000步
0°
30°
60°
90°
软岩
硬岩

图 2-15　含圆形孔洞复合岩层有侧限的单轴压缩损伤演化图

垂直结构面的方向扩展，硬岩侧的破坏更加显著，损伤裂纹已遍布硬岩区。

为了进一步研究损伤区的演化规律，将损伤区的扩展形式进行分形维数计算，利用分形维数定量表征损伤区的复杂度和几何分布特征[115-118]。采用差分盒子维(DBC)计算方法得到损伤裂纹图像的分形维数。计算图像为损伤裂纹图像(图 2-15)，计算公式为式(2-1)。

$$D=\lim_{r\to 0}\frac{\ln N(r)}{\ln \frac{1}{r}} \tag{2-1}$$

式中，r 是盒子维的边长；D 是分形维数值。

图 2-16 所示为不同地层倾角时损伤裂纹分形维数的变化曲线。由图可见，损伤裂纹的分形维数随着倾角的增加，呈现先增加后减小的趋势，在倾角为 60°时达到最大值。这表明 60°倾角的复合岩层具有最复杂的损伤裂纹形式，同前文论述的 60°倾角的复杂性情况相吻合。

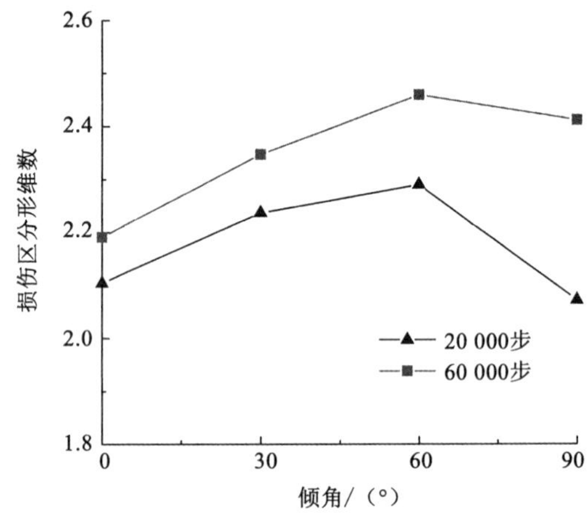

图 2-16　不同地层倾角时损伤裂纹分形维数的变化曲线

图 2-17 所示为最终破裂时的塑性区分布情况，与室内试验得到的破坏模式(图 2-11)较为一致。图中，n 代表现在的状态，p 代表过去的状态，塑性区中深灰色代表拉剪损伤，黑色代表剪切损伤，浅灰色代表拉伸损伤。从图中可知，对于所有倾角的模型，软岩区的拉剪损伤较多；大角度时硬岩区的拉剪损伤主要分布在洞周，剪切损伤贯穿了整个硬岩区。

将图 2-17 中的塑性区面积进行分类统计，得到不同地层倾角时剪切与拉伸损伤率变化图(图 2-18)，图中纵坐标的损伤率为剪切或者拉伸在两者总量中的

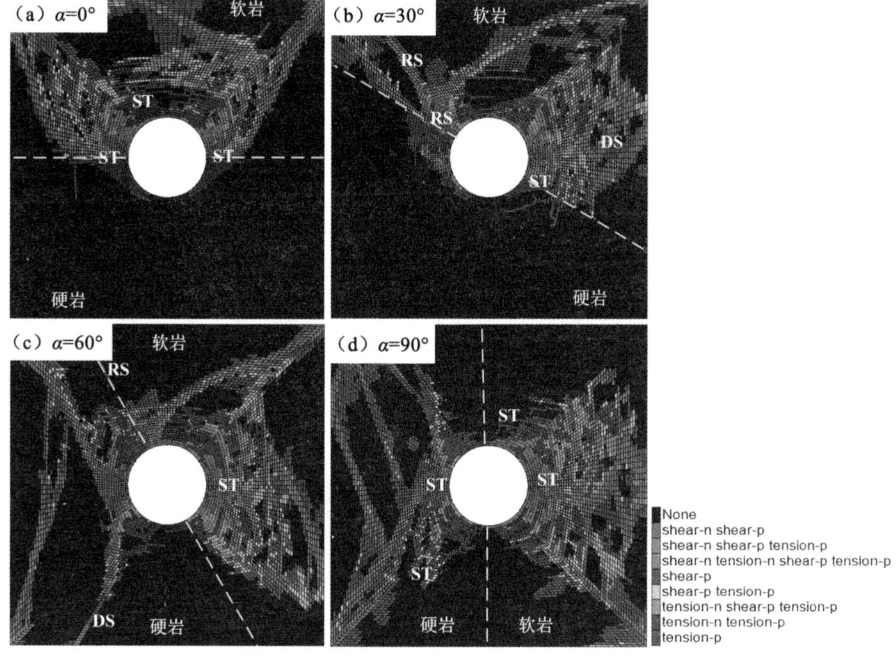

图 2-17　最终破裂时的塑性区

占比。随着复合岩层倾角的增大，剪切损伤占比呈非线性增大的趋势，拉伸损伤则相应减小，说明相对较大的复合岩层倾角增加了剪切损伤，限制了拉伸损

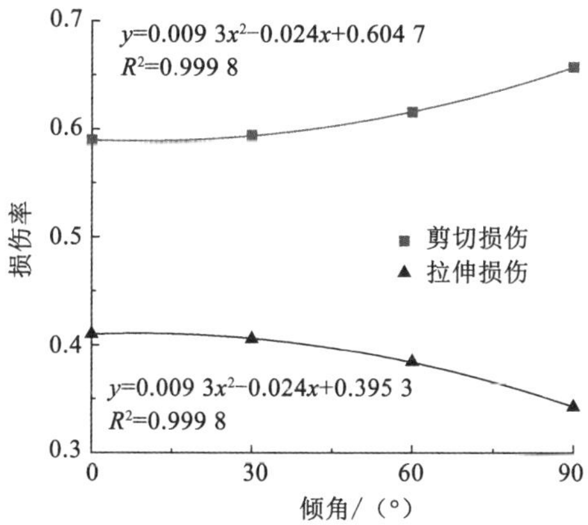

图 2-18　不同地层倾角时剪切与拉伸损伤率变化图

伤。同时，在小角度(0°～30°)倾角变化中，剪切损伤占比的增幅仅为 0.78%；在 30°～60°的区间，剪切损伤占比的增幅升至 3.60%；在 60°～90°的区间，剪切损伤占比的增幅进一步升至 6.77%。可以看出，随着复合岩层倾角的增大，剪切损伤占比的增幅也将持续增加。

2.5 本章小结

本章采用泥岩与砂岩胶结制作层间黏结强度已知的复合岩层试样，通过岩石力学伺服试验系统，开展了不同倾角含圆形孔洞复合岩层的有侧限单轴压缩试验，通过岩土变形计算机视觉量测系统和声发射测试系统研究了复合岩层的力学以及变形演化特征，分析了非协调变形与损伤演化的关系，并结合数值模拟研究了倾角对复合岩层的损伤演化类型和分形维数的影响规律，得到的主要结论如下：

(1) 获得了复合岩层在有侧限单轴压缩条件下的声发射特征和强度参数随岩层倾角的变化规律。随着地层倾角的增大，声发射特征由软岩为主的延性特征转变为以硬岩为主的脆性特征，同时声发射事件峰值的位置与复合岩层倾角密切相关。复合岩层的强度和弹性模量都随着倾角的增大呈现先减小后增加的趋势，呈现 V 形变化的特征，同时复合岩层强度的各向异性程度大于变形的各向异性程度。

(2) 获得了复合岩层在不同倾角情况下的变形破裂演化特征。当复合岩层倾角为小角度(0°和 30°)时，结构面控制了岩体的变形，变形主要发生于洞周的结构面处，并在软岩中扩展，实际工程中表现为软岩挤压大变形。V 形切口破坏由洞内沿着结构面向外侧扩展，岩体发生了渐进式的剥落。当复合岩层倾角为大角度(60°和 90°)时，软岩和硬岩共同承载了围岩压力，同时硬岩对软岩有支撑作用。V 形切口破坏由洞内沿垂直结构面的方向扩展，峰后硬岩受到更为严重的破坏，实际工程中表现为深部高地应力隧道的岩爆灾害。

(3) 复合岩层中软、硬岩的非协调变形控制了岩体的损伤破坏演化过程。可以从控制岩体的非协调变形角度进行支护系统设计，进而控制复合岩体的稳定性。当倾角为 0°、30°和 90°时，非协调变形曲线与声发射累积计数曲线趋势较为接近，变形由软岩主导或由硬岩主导。当倾角为 60°时，由于复合岩层的变形主体在峰前和峰后发生了变化，由峰前的以软岩为主转变为峰后的以硬岩为主，导致非协调变形曲线与声发射累积计数曲线趋势不一致。

（4）通过数值模拟分析了倾角对复合岩层的损伤演化类型和分形维数的影响规律。数值模拟得到的岩体破裂模式与室内试验较为相似，损伤裂纹的分形维数随着倾角的增大，呈现先增加后减小的趋势，在倾角为 60°时达到最大值，表明 60°倾角的复合岩层具有最复杂的损伤裂纹形式。通过统计损伤破坏类型可知，较大的岩层倾角增加了剪切损伤，限制了拉伸损伤。

第3章 深部复合地层TBM隧道支护作用规律

第 2 章通过岩石力学试验研究了深部复合岩层的力学性质与变形特征，有助于评价隧道稳定性以及研究围岩和支护的相互作用，本章进一步通过物理相似模拟试验研究深部复合地层 TBM 隧道支护作用规律。隧道围岩稳定控制必须深入揭示围岩与支护体系的作用机理[5]，既有研究[119]在煤矿深部巷道围岩变形破裂特征、机理和控制等方面取得了进展，关于浅埋复合地层隧道支护规律的研究也有较多进展[67]，但深部复合地层 TBM 掘进隧道围岩与支护的作用规律研究较少。本章自主研制了中小型电机双轴加载隧道相似物理模拟试验系统，基于该试验系统开展了不同工况的相似模拟试验，研究围岩破裂演化以及围岩与支护相互作用的规律。

3.1 试验系统研制

近年来国内外许多专家、学者对隧道物理模拟试验系统进行了研制、开发及应用并取得了丰富的成果[120-122]，但仍存在一些不足，比如在加载控制方面，液压加载控制方式虽然加载强度大，稳压时间长，但液压由于属于刚性加载，管路复杂、占据空间大且机械振动明显；虽然在模型尺寸方面，大尺寸及超大尺寸模型能较大程度地减小边界效应影响且能够较真实地反映工程地质条件，但其研究、设计和制作周期长、费用高、利用率偏低。

针对试验系统中液压加载方式存在的不足问题，基于试验加载控制方式与模型尺寸及其精确加载和利用效率等方面的综合考虑，本章研制了一套基于电机双轴加载的中小型隧道物理模拟试验系统，可对较大埋深范围的隧道变形破裂演变及其支护机理问题进行模型试验研究。

3.1.1　结构框架

图 3-1 为试验系统结构设计与实物图。试验系统结构框架主要由垂直向双加载系统与水平向自适应调中单加载系统组成。

(1) 垂直向双加载系统由工作平台、四立柱、上横梁、两套机电式活塞加载器构成。机电式活塞加载器安装在工作台和上横梁中央,由交流伺服电机、同步带传动系统、涡轮蜗杆减速机、直径为 80 mm 的滚珠丝杠副、内镶自润滑轴承的导向缸、电动式直线加载活塞(配有限位开关)、传感器和压板组件组成。其中,本试验系统配有的压板有两种结构形式,一种是定位紧固型,用于定位和平行压缩,另一种是内镶自润滑关节轴承的自动调心型,用于压板面与模型紧密接触使应力均匀分布。

(2) 水平向自适应调中单向加载系统由四杠式水平加载框架、水平导轨及水平支撑框架构成。其中四杠式水平加载框架两侧承载板用四根光杠连接而成,左、右两侧承载板分别固定有水平被动加载板和水平主动加载板。四杠式水平加载框架可沿水平导轨自由移动,也可用卡环定位在水平导轨预定位置,根据试验需求,四杠式水平加载框架可通过水平导轨推出主机中心,以增加试验空间。

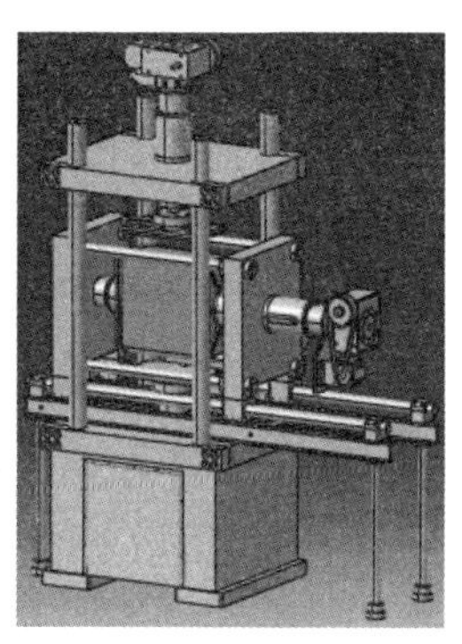

(a) 机械设计图

(b) 实物图

图 3-1　试验系统结构设计及实物图(单位:mm)

3.1.2　工作原理

试验加载系统采用伺服电机作为动力源,垂直方向上、下各有 1 支加载缸,水平方向采用 1 支加载缸。通过减速机构、丝杠传动和载荷施加压板，在垂直、水平两方向同时对模型进行加载。水平向自适应调中单向加载系统在加载过程中，当水平主动加载板向模型中心方向（向左）靠近并接触模型后，模型予以水平主动加载板反作用力并带动四杠式水平加载框架移动，使水平被动加载板向模型中心方向（向右）靠近并接触模型后，产生同主动加载板大小相等但方向相反的作用力，以保证模型几何中心基本不发生变化，从而满足对称加载的试验要求。垂直向双加载系统及水平向自适应调中单向加载系统可分别控制，也可协调控制。加载框架采用模块化结构，水平向自适应调中单向加载系统可方便移出主加载空间，试验系统可根据试验需求进行单轴或双轴加载。

3.1.3 系统特色及技术指标

试验系统主要具有以下 5 方面的特色：

(1) 加载结构：具有 3 个主动加载点，垂直方向上、下各一点，水平方向单侧一点，其加载几何中心的偏移量通过四杠式水平加载框架来保证，可进行单轴、双轴加载试验且切换操作方便。

(2) 加载方式：采用伺服电机加载，可实现按力和位移两种控制方式的单轴单、双向及双轴加载功能。

(3) 框架结构：主机框架采用四立柱竖直加载框架与四杠式水平加载框架，结构紧凑且加载空间可视范围大，方便隧道变形量测系统观测。

(4) 平衡系统：水平向自适应调中单向加载系统独立于垂直向双加载系统，水平向仅需采用 1 个电动加载缸即可实现在模型几何中心基本保持不变的情况下满足对称加载的试验需求。

(5) 试验模型：模型尺寸长×高×宽最大为 600 mm×600 mm×400 mm，除了能完成尺寸相对较大的相似模型试验研究外，还能与其他小部件配合实现小尺寸类岩石材料的标准或非标准试件的单轴与双轴压缩等试验。

系统主要技术指标如下：

(1) 垂直方向试验力为 2×300 kN(300 kN/活塞)，水平方向试验力为 300 kN(300 kN/活塞)，加载力值精度为±1%。

(2) 速度调节范围：0.005～100 mm/min(无级调速)，匀试验力速率控制误差为±0.5%，速度示值相对误差为±0.5%。

(3) 单个加载点工作行程：0～100 mm，加载点位移分辨率为 0.001 mm，位移示值相对误差为±0.5%。

(4) 连续稳压试验时间为≥480 h,稳压精度为±1%。

(5) 试样几何中心变动量为≤0.5 mm。

3.2 隧道试验模拟方法

基于自主研制的中小型电机双轴加载隧道相似模拟试验系统,配套研制了横、纵断面隧道模型箱以及衬砌与豆砾石充填灌浆的多重支护结构,为TBM隧道相似模型试验提供了条件支撑。

3.2.1 模型制作

试验系统由加载系统、岩土变形计算机视觉量测系统和应变数据采集系统组成,如图3-2所示。采用岩土变形计算机视觉量测系统获得围岩表面的变形场,图像采集选用德国Basler公司的工业CCD相机,图像分辨率为1 220万像素,采集时间间隔为1 s。采用dataTaker数据采集仪进行应变数据的实时采集,采集时间间隔为1 s。如图3-3所示,将微型摄像机分别布置在模型背面/侧

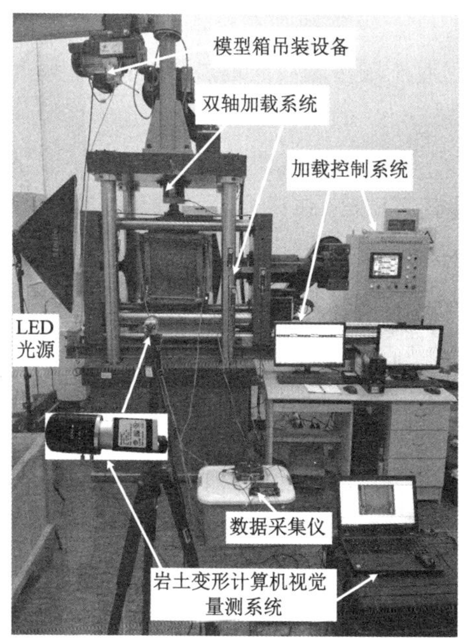

(a) 横断面模型

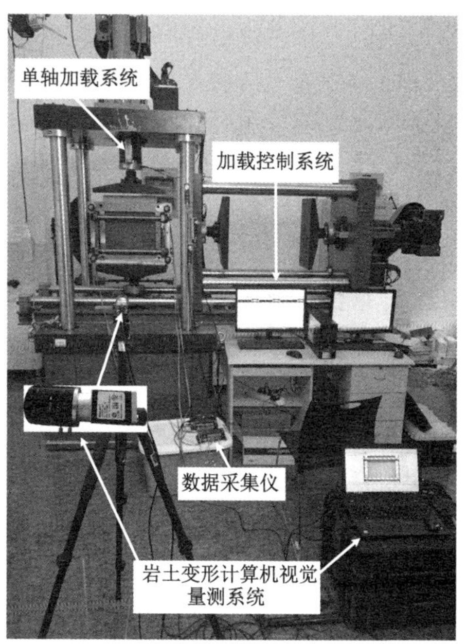

(b) 纵断面模型

图3-2 模型试验系统布置图

面的隧道洞口处，用来实时采集横/纵断面隧道内部的变形破裂图像。

(a) 横断面模型

(b) 纵断面模型

图 3-3　隧道洞内围岩变形观测布置图

为了研究深部复合地层 TBM 隧道支护作用规律，研制了与试验机配套的隧道模型箱，一套为双轴加载横断面隧道模型箱(图 3-4)，用于研究复合地层结构面走向平行于隧道轴线的地层工况；另一套为单轴加载纵断面隧道模型箱(图 3-5)，用于研究复合地层结构面走向垂直于隧道轴线的地层工况。

试验模型箱采用“外围钢框架＋有机玻璃板”的结构，横断面隧道模型箱如图 3-4 所示，其中外围钢框架由 8 根直径为 20 mm 螺纹杆、4 块 20 mm 厚的钢板以及固定底座构成，玻璃板材质为有机玻璃，分别在模型箱外围钢框架底部和四周各布置一块玻璃板组成“顶部开口玻璃箱”，玻璃板通过螺丝固定在钢框架上。钢框架后板及后部玻璃板分别开有一直径为 150 mm、80 mm 的圆孔，用以隧道开挖工作，在进行开挖工作之前，用“十字形”封孔铁盘将圆孔封住，框架前板留有相应视窗用于岩土变形量测。模型箱底座设计有锁扣，用于将下底板固定在横螺杆上，便于模型箱吊装。模型箱外侧设计有吊环，用于制样完成后将模型箱吊装到试验机上。纵断面模型由于需要从侧面进行模拟开挖，所以设计为适用于单轴加载的模型箱，基本构件设计同双轴模型箱，如图 3-5 所示。

既有研究表明[123]，石蜡与砂混合制作的相似材料具有良好的弹塑性，适合模拟深部隧道围岩的变形破裂特征，并且石蜡砂材料具有试验周期短、材料力学性能稳定和材料可复用等优点。本章在相似模型试验中采用石蜡砂材料进行复合地层模拟，通过不同配比的砂和石蜡混合物来模拟复合地层中的软岩与硬岩。模型采用分块多次浇筑碾压成型的方法，制作过程包括材料称重混合、

（a）正视图

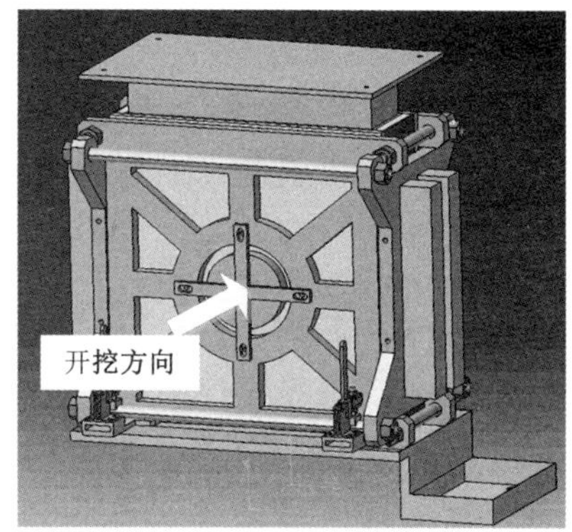

（b）后视图

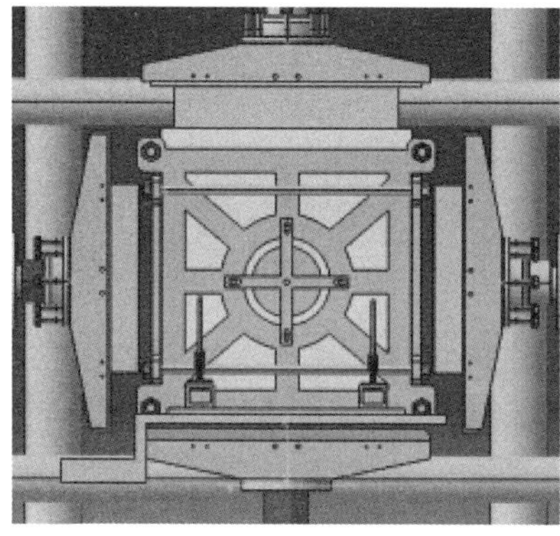

（c）装机图

（d）实物图

图 3-4　横断面隧道模型箱设计

（a）正视图

（b）侧视图

图 3-5　纵断面隧道模型箱设计

加热搅拌、摊铺碾压、埋设传感器等。模型制作完成后，需要静置 1 天以上，等完全冷却、强度稳定后方可继续开展后续加载、开挖等试验操作。

3.2.2 开挖与支护装置

深部 TBM 隧道的破岩掘进是一种高围压状态的开挖卸荷过程，待加载至设计荷载，保载一定时间后，拆下“十字形”封孔铁盘进行开挖。如图 3-6(a)所示，本章隧道模型开挖工序采用了课题组自行研制的 TBM 隧道模拟掘进装置，其组成包括动力装置、空心钻杆、刀盘和螺旋叶片等，其中掘进机由电机驱动，空心钻杆前端固定有直径为 75 mm 的刀盘。隧道掘进机装置开挖过程见图 3-6(b)。纵断面隧道模型采用掘进装置先挖成圆洞，然后采用自制小型铁锹对断面进行扩挖，进而形成近半圆的断面。

(a) 掘进装置

(b) 隧道开挖

图 3-6 TBM 隧道掘进装置及开挖示意图

如果采用先开挖后支护的方法，围岩的变形量无法有效控制，本章采用支护结构预埋的方案。在制作围岩时，将衬砌预先埋设在围岩中，并在衬砌中回填石蜡砂材料以支撑围岩荷载，最后通过开挖回填层模拟隧道开挖卸荷的过程。

衬砌与开挖断面不是同心圆，存在非均匀的间隙[图 3-7(a)]。实际 TBM 隧道工程中多采用“衬砌＋豆砾石充填灌浆”的多重支护形式，豆砾石灌浆层的作用是充填非均匀间隙，起到固定衬砌和传递围岩荷载的作用。研究表明[71]有无灌浆回填层，衬砌的受力变形很不一样，故灌浆回填层的作用不可忽略。如图 3-7(b)所示，豆砾石灌浆材料采用自行研制的配比为 3∶1∶1 的颗粒蜡、石

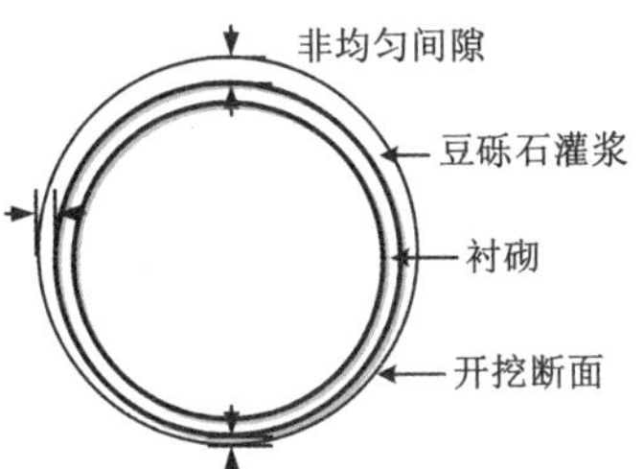

（a）TBM隧道多重支护结构简图

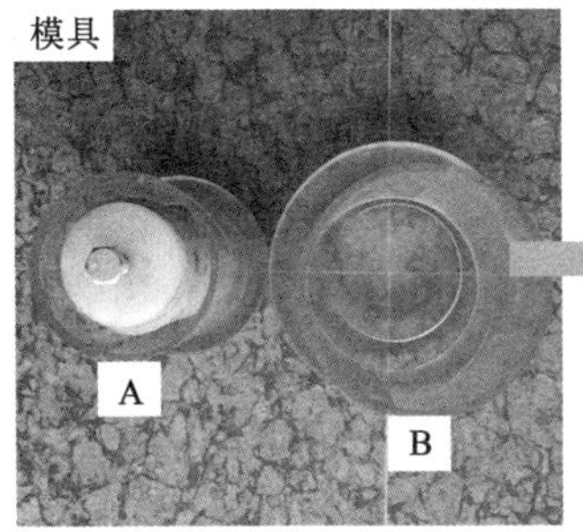

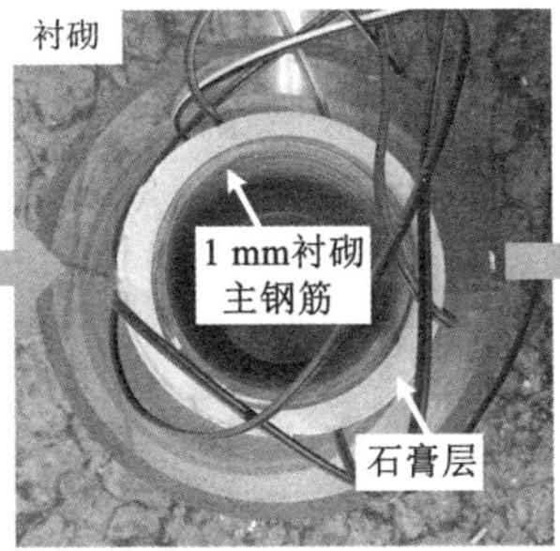

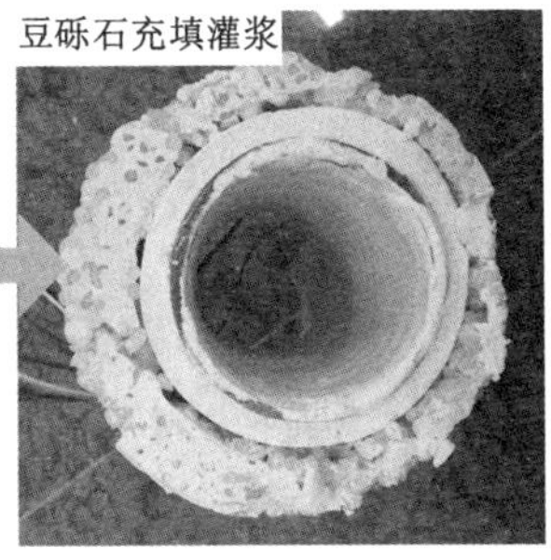

（b）横断面模型

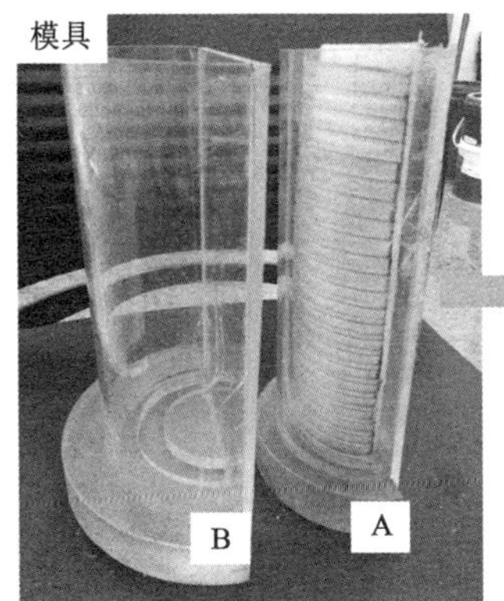

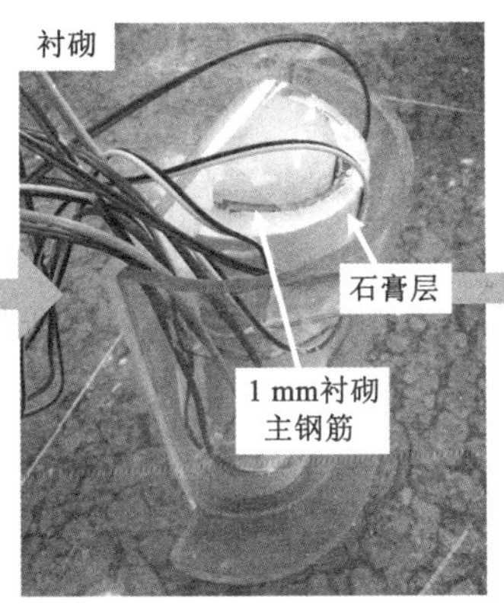

（c）纵断面模型

图 3-7　隧道模型中“衬砌＋豆砾石充填灌浆”多重支护结构制作

膏与水混合材料进行模拟，材料结构类似于真实的豆砾石灌浆材料。衬砌材料采用 1.2∶1.0 水膏比的石膏作为相似材料进行配制，石膏材料具有稳定性好、凝固快、时间短和易制作的优点，可自由调整水膏比及石膏衬砌壁厚等参数。图 3-8 为多重支护材料的单轴压缩应力-应变曲线，衬砌材料的峰前几乎都为弹性段,能够模拟脆性混凝土的应力特性;配制的豆砾石灌浆材料峰前则有较长的塑性段,能够模拟豆砾石颗粒与孔隙挤密的过程。

多重支护结构的制作从最内侧的衬砌层开始,由模具 A 进行石膏衬砌加工,加工后的石膏样品表面贴有应变片,然后置于模具 B 中进行豆砾石灌浆层的制作。石膏衬砌内部采用直径 1 mm 的细铁丝对配筋进行模拟。纵断面模型的支护材料的制作步骤与横断面模型类似,除此之外还需要在掌子面处安装有机玻璃板,模拟 TBM 刀盘对掌子面围岩的支撑作用。本章的多重支护结构是分层一次成型,不考虑衬砌接头对结构的影响。

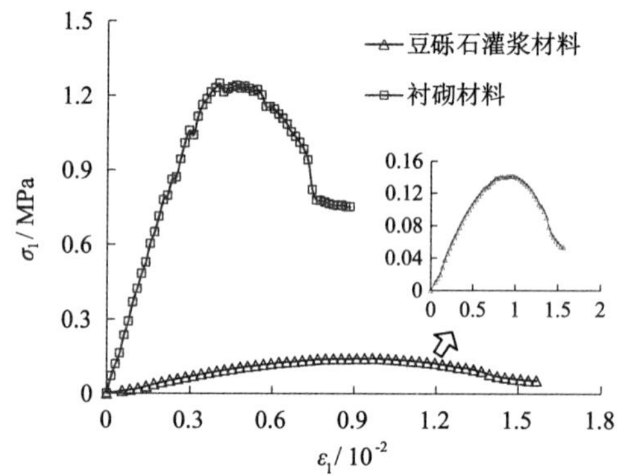

图 3-8 多重支护材料单轴压缩应力-应变曲线图

3.2.3 相似模型

模型满足相似条件。根据相似理论公式(3-1)和(3-2)得到,几何相似比 $C_L=86$,隧道开挖直径为 75 mm,复合地层模型尺寸长×高×宽为 400 mm×400 mm×120 mm。容重相似比 $C_\gamma=1.4$,重力加速度相似比 $C_g=1$,应力相似比 $C_\sigma=120.4$。

$$f(L,\sigma,\varepsilon,\mu,\sigma_t,\sigma_c,\delta,E,\gamma,g,t,\varphi,C)=0 \tag{3-1}$$

$$\begin{cases} C_\delta C_\gamma = C_C \\ C_g C_t^2 = C_\delta = C_L \\ C_C = C_\sigma = C_{\sigma t} = C_{\sigma c} = C_E \\ C_\varepsilon = C_\mu = C_\varphi = 1 \end{cases} \tag{3-2}$$

式中,C_t,C_E,C_C,C_ε,C_φ,C_μ 分别代表时间、弹性模量、黏聚力、应变、内摩擦角和泊松比的相似比。

复合地层岩性的选择参考 ABH 工程中常见的泥岩-砂岩复合地层工况进行设计，根据模型强度的相似要求，选用配比为 100：3 和 100：7 的石蜡和砂混合物分别模拟泥岩（软岩）和砂岩（硬岩），相似材料的力学参数见表 3-1。

表 3-1　相似材料物理力学参数

类型		抗压强度 σ_c/MPa	抗拉强度 σ_t/MPa	弹性模量 E/GPa	泊松比 μ	密度 ρ/(kN/m^3)
软岩	模型值	0.20	0.05	0.19	0.29	14.24
	原型值	24.00	3.50	7.8	0.21	25.00
硬岩	模型值	0.58	0.09	0.51	0.26	15.00
	原型值	70.00	4.60	50.00	0.27	27.00
衬砌	模型值	1.25	—	0.32	—	—
	原型值	150.00	—	34.50	—	—
豆砾石灌浆	模型值	0.14	—	0.02	—	—
	原型值	10.00～20.00	—	1.00～2.00	—	—

为保持复合地层结构面两侧围岩的完整性，依次成型硬岩或软岩，地层布置如图 3-9 所示。由第 2 章结论可知，复合岩层在倾角 60°时具有较高的变形破裂复杂度，故本章选择地层倾角 60°进行研究。纵断面模型为地层倾角 90°，隧道围岩中布设有应变测点。

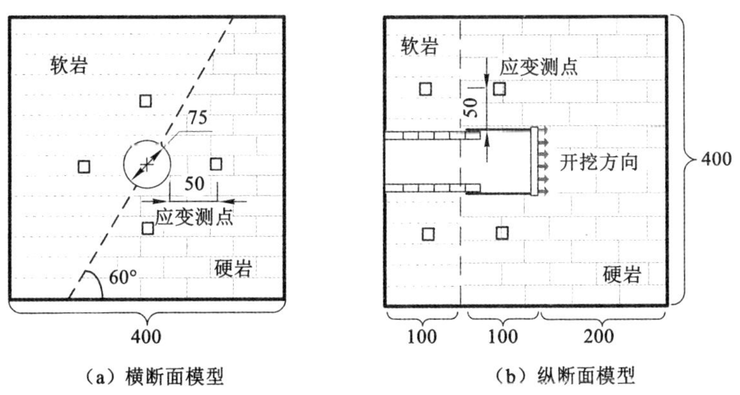

图 3-9　隧道相似模型试验地层模型图（单位：mm）

3.2.4 加载方法

在稳压段采用先加载后开洞的方式，即先通过伺服电机控制系统控制加载，按压力控制加载方式将垂直向和水平向荷载加载至设计值，然后进行 TBM 模拟开挖。该荷载路径用于研究实际开挖工况下围岩变形演化过程以及与支护的相互作用。

保载一定时间，待围岩内部应力传递调整完成后，采用位移控制加载方式对隧道模型顶端进行加载，直至隧道围岩失稳破坏。该荷载路径用于研究深部 TBM 隧道围岩与支护系统在地应力升高时的稳定性。

横断面模型荷载路径如图 3-10(a)所示，模型先以 10 N/s 的速率将垂直向与水平向荷载同时加至设计地应力 0.17 MPa(对应实际地应力 20 MPa)，然后隧道开挖采用前文所述隧道掘进装置，保载 2 h 后，维持水平荷载不变，上加载板以 0.1 mm/min 的加载速度向下加载，直至围岩破坏。纵断面模型无水平荷载，垂直向的荷载路径与横断面模型相同。

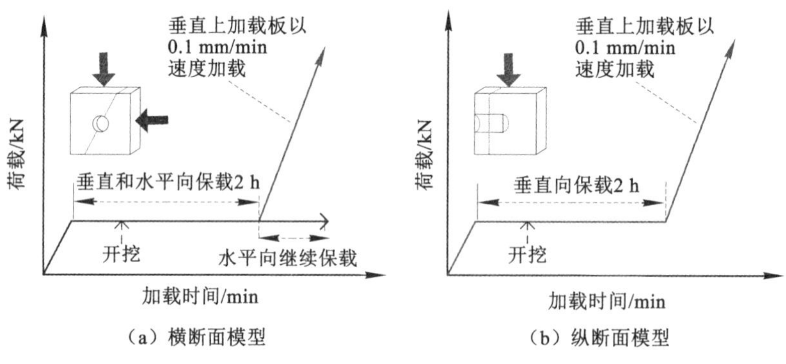

图 3-10 隧道模型试验荷载路径

3.2.5 量测方法

(1) 模型内部应力应变量测

为量测 TBM 隧道开挖后围岩的变形和应力的演化规律以及支护结构的应力情况，如图 3-11 所示，围岩应力通过预埋自制尺寸为 15 mm 单元应变计进行围岩内部应变量测，单元应变计与衬砌表面均贴有应变花，试验中实时采集应变变化过程。应变花能够得到水平、45°和垂直方向上的应变值，通过公式(3-3)

与(3-4)进行计算[124]，可得到最大、最小主应变和主应力。

$$\varepsilon_{1,2}=\frac{\varepsilon_0+\varepsilon_{90}}{2}\pm\frac{1}{2}\sqrt{(\varepsilon_0-\varepsilon_{90})^2+(2\varepsilon_{45}-\varepsilon_0-\varepsilon_{90})^2} \tag{3-3}$$

$$\sigma_{1,2}=\frac{E}{2}\left[\frac{\varepsilon_0+\varepsilon_{90}}{1-\mu}\pm\frac{1}{1+\mu}\sqrt{(\varepsilon_0-\varepsilon_{90})^2+(2\varepsilon_{45}-\varepsilon_0-\varepsilon_{90})^2}\right] \tag{3-4}$$

式中，ε_0 为水平应变，ε_{45} 为45°应变，ε_{90} 为垂直应变；σ_1 与 σ_2 分别为最大、最小主应力；ε_1 与 ε_2 分别表示最大、最小主应变。

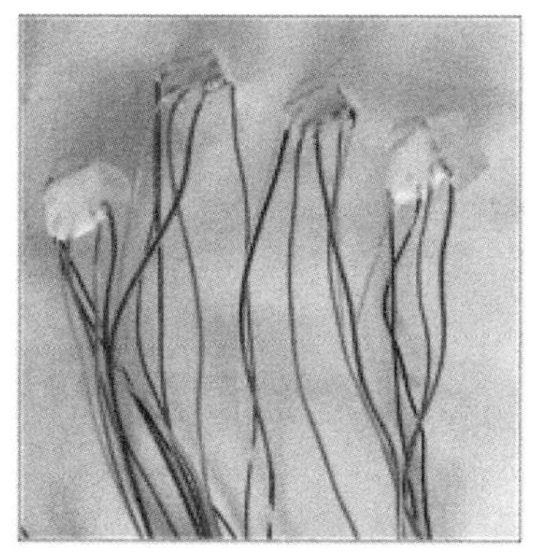
(a) 单元应变计

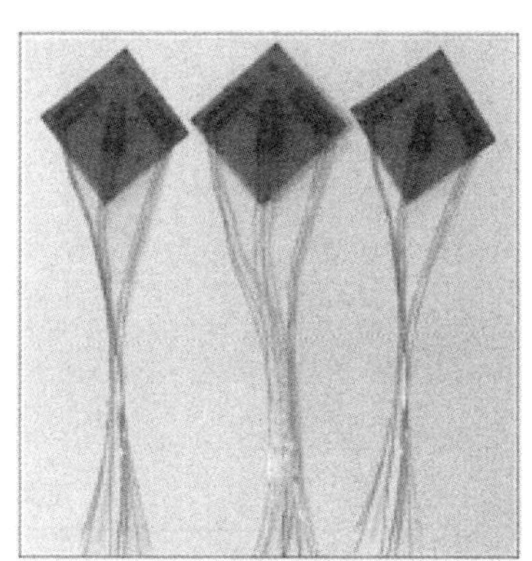
(b) 应变花

图3-11　应变测试单元

(2) 岩土变形计算机视觉量测系统

岩土变形量测系统作为非接触和全场精细变形量测的先进技术，在岩土材料变形演变的过程观测和定性定量分析方面具有突出的优越性。变形量测系统由图像采集设备、照明装置和图像分析程序组成。本章试验采用课题组自行研制的岩土变形计算机视觉量测系统，包括图像分析程序 PhotoInfor[图3-12(a)]和结果后处理程序 PostViewer[图3-12(b)]两部分。通过变形量测能够识别0.02 mm以下的微小位移，并通过 OPFPM 算法解决含裂隙的量测精度问题。该软件从系统特色、专业功能与实用性来说具有鲜明特色，首先具有通用性，即满足通用数字散斑相关变形量测需求；其次具有专业性，即拥有针对非均匀变形、局部化变形、大变形以及断裂或破裂特点材料的专业图像分析方法，量测精度高；同时还具有可误差修正、易学易用和专业技术支持等系统特色。

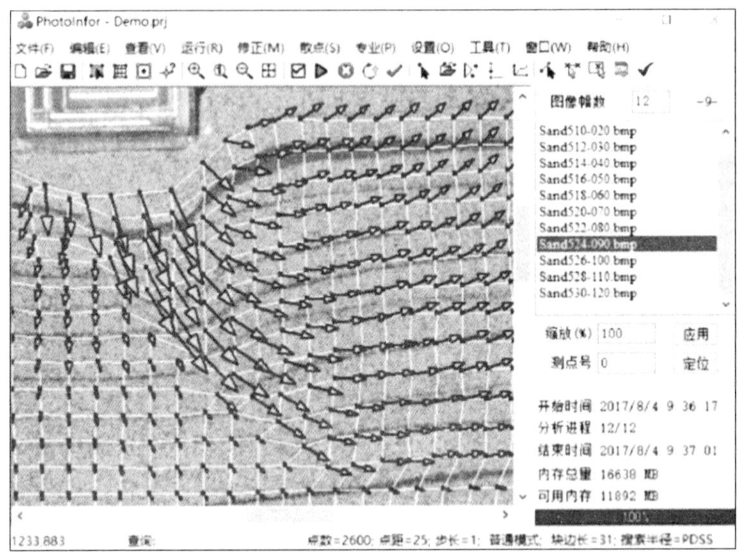

（a）图像分析程序PhotoInfor

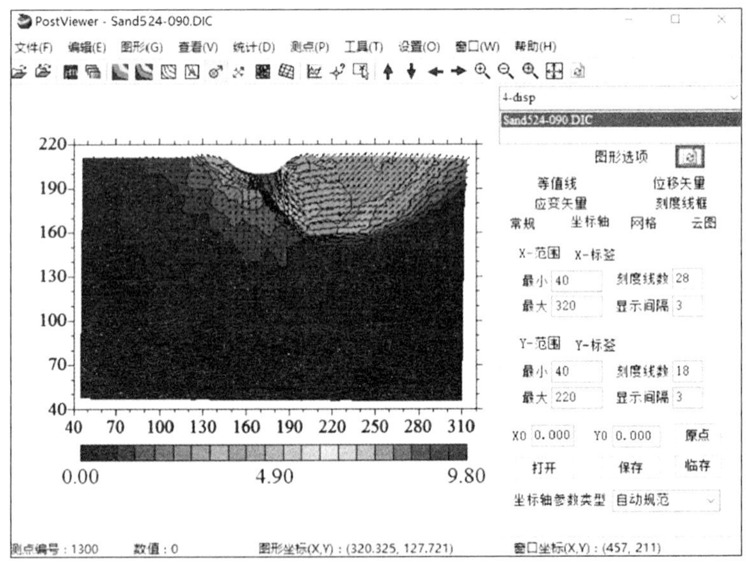

（b）后处理程序PostViewer

图 3-12　岩土变形计算机视觉量测软件系统

3.3 基于横断面试验的支护作用规律分析

3.3.1 围岩变形破裂演化分析

图 3-13 为无支护横断面模型加载历时曲线图，图中 A～I 为下文云图对应的荷载位置。图 3-14 为横断面 TBM 隧道模型在无支护情况下掘进的围岩变形破坏演化图，此类工况为复合地层结构面走向平行于隧道轴线，通过岩土变形计算机视觉量测系统对试验中的图像数据进行处理和分析。

A～C 为稳压段，图 3-14 中 A 图所示为岩体加载到目标地应力(0.17 MPa)，并未进行开挖时的状态；B 图为开挖过程中的洞周变形情况，可以看到在垂直于软硬岩分界面处出现了明显的变形集中区，呈非对称的椭圆形分布，椭圆长轴垂直于结构面，其中软岩侧的范围远大于硬岩侧，表明围岩松动的方向近乎垂直于结构面，此处与数值模拟的结果较为相似，该现象将在第 4 章详细讨论；C 图为开挖结束后岩体经过应力释放和调整后的变形情况，可见椭圆形的变形区有渐进扩展的趋势，扩展方向依然为垂直于结构面的方向，此处结论与第 2 章复合岩层破裂演化规律一致，即大角度的复合地层破裂演化从洞内侧沿着垂直结构面的方向向外扩展。

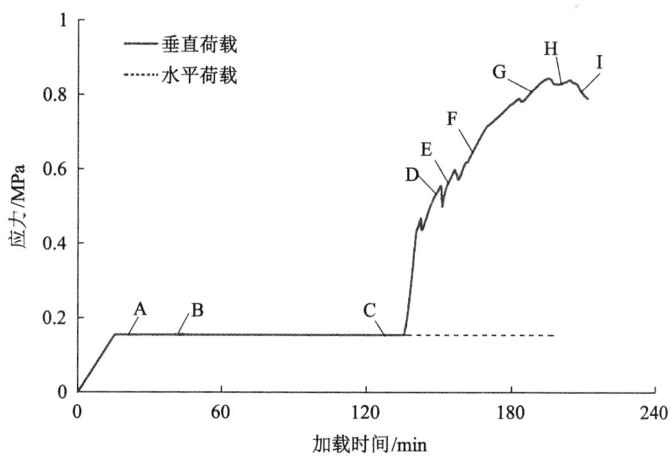

图 3-13　无支护横断面模型加载历时曲线图

D～I 为超载阶段。图 3-14 中 D 图的情况出现在荷载曲线的第 1 个应力跌

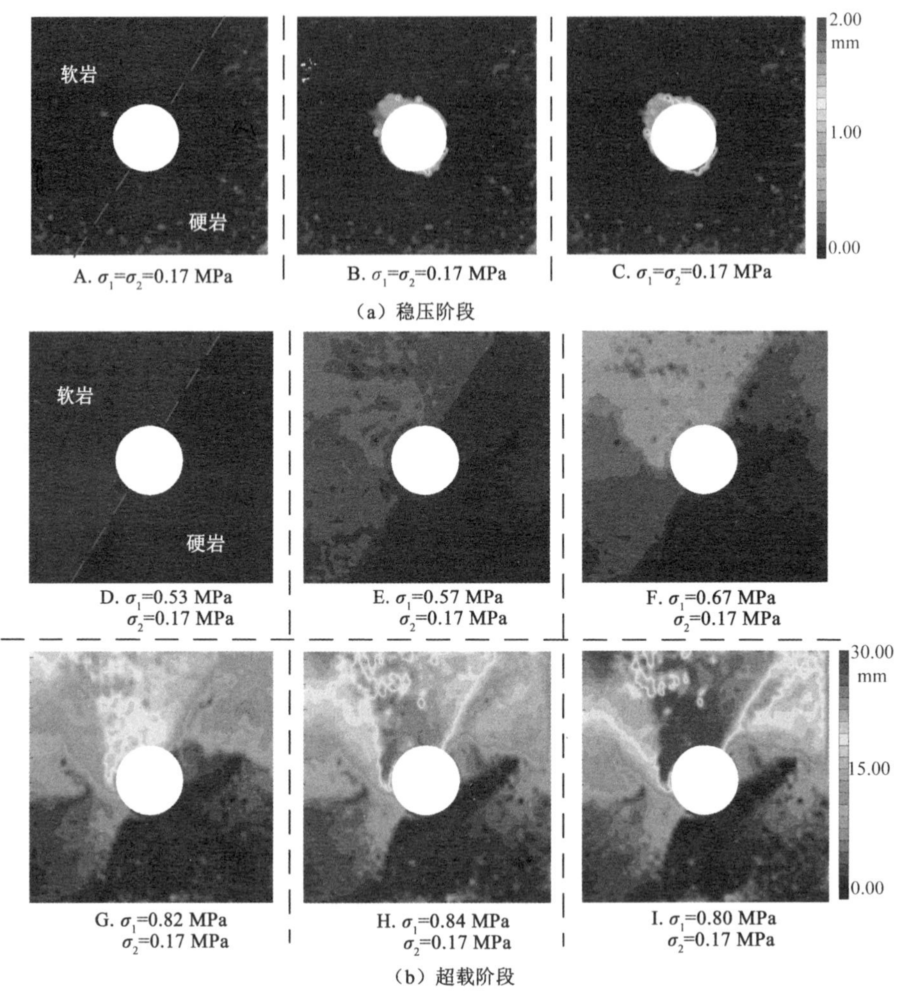

图 3-14　无支护隧道围岩变形破坏演化图

落之后，由于软岩和硬岩部分发生了明显的整体位移错动所致。E 图的情况出现在荷载曲线的第 2 个应力跌落之后，在软岩的拱顶和边墙出现了变形集中区，并一直延伸到岩体边界，结构面的错动继续增加。由洞内实时摄像[图 3-15(b)]可知，在结构面处出现了岩体错动，并且在软岩的边墙位置发生了岩体剥落，形成了 V 形切口。需要注意，洞内摄像位于模型背面，与观察面的变形量测呈镜像关系。随着荷载的不断加大，软岩拱底和边墙的变形继续增加，软岩和硬岩具有明显的非协调变形，软岩变形量大于硬岩，拱底出现了大量的软岩掉块

[图 3-15(c)]。G～I 阶段，随着软岩的失稳，硬岩顶部出现变形集中区。随着围岩应力的继续升高，当硬岩边墙出现 V 形的剪切破坏时，整个复合地层岩体发生了最后的垮塌。

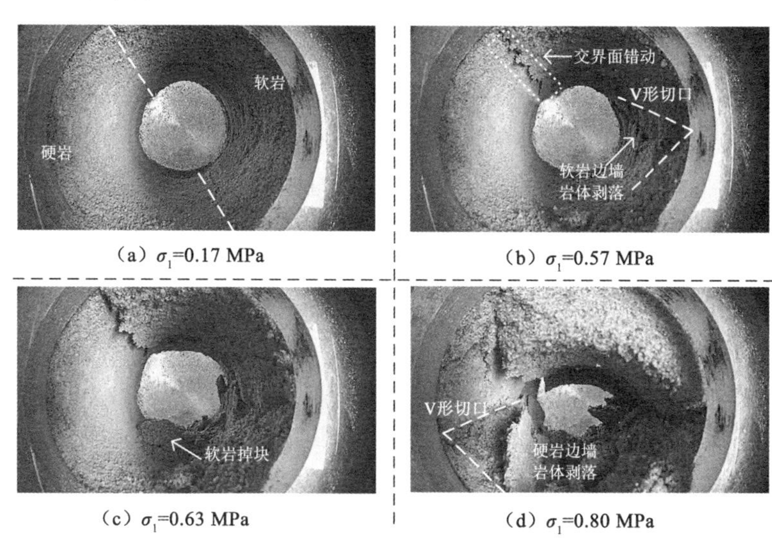

(a) σ_1=0.17 MPa (b) σ_1=0.57 MPa

(c) σ_1=0.63 MPa (d) σ_1=0.80 MPa

图 3-15 无支护隧道模型洞内围岩破坏演化图

深部 TBM 隧道的破岩掘进是一种高围压下的破岩卸荷过程，图 3-16 所示为无支护 TBM 隧道在稳压阶段的洞周围岩主应力演化曲线，可见围岩拱顶、边墙和拱底整体呈现先升高后降低的趋势，围岩卸荷具有阶段性特征。图中第一个峰值是由盾构掘进对围岩的扰动引起(阶段Ⅰ)，之后经历的多次震荡是由于围岩卸荷后应力的变化与调整。在阶段Ⅱ，拱顶、边墙与拱底略有不同，与复合地层特殊的组合形式造成围岩松动圈的特殊分布有关[图 3-14(a)]，拱顶和拱底的应力下降较快，边墙则较缓，同时软岩和硬岩不同的卸荷力学行为[125-129]更加剧了应力的波动性。阶段Ⅲ，三者都呈现平稳发展的状态，应力释放和围岩变形趋缓。由于围岩荷载稳定且隧道无支护，长时间后围岩变形会向蠕变发展。

3.3.2 围岩与支护相互作用分析

图 3-17 为多重支护隧道模型加载历时曲线，图中 A～I 为下文云图对应的荷载位置。图 3-18 为横断面 TBM 隧道在多重支护下的围岩变形演化图。在稳压阶段，由于支护作用，围岩松动范围较小，未见洞周变形集中区，并且与无

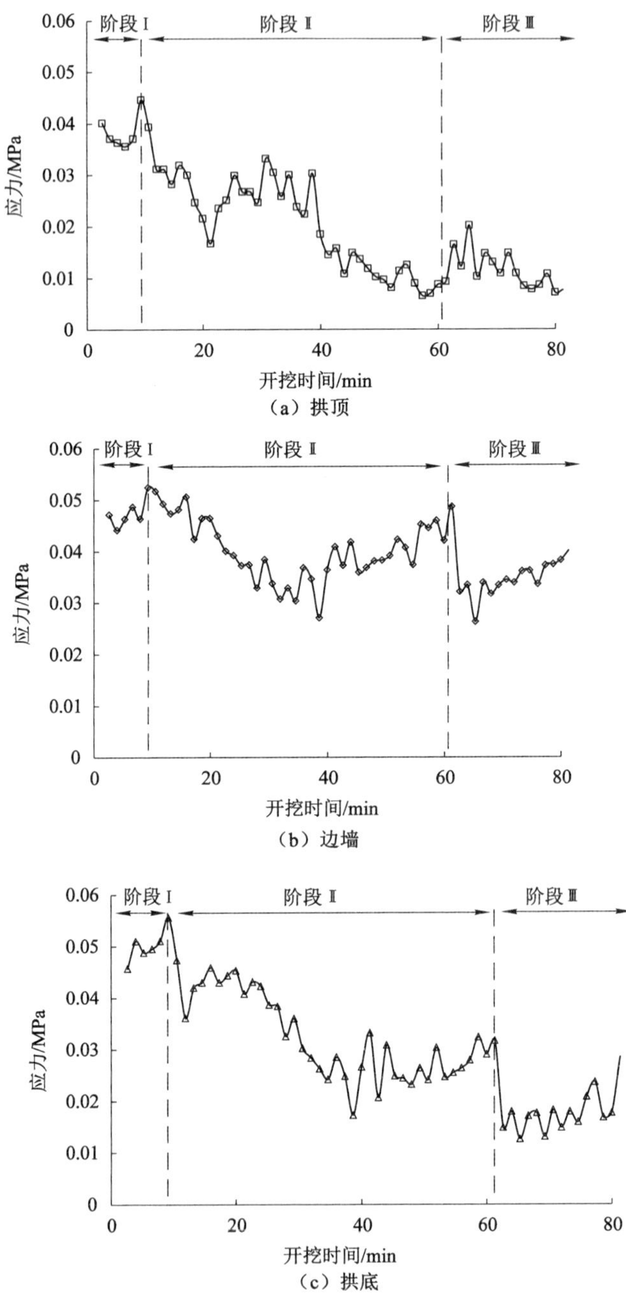

图 3-16　无支护隧道稳压阶段洞周围岩主应力演化图

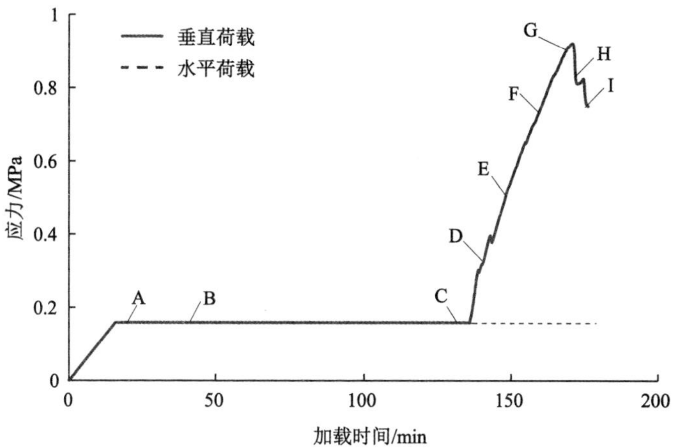

图 3-17 多重支护隧道模型加载历时曲线图

支护隧道[图 3-14(a)]相比,围岩变形较均匀。这说明支护不仅降低了围岩变形量,更增加了变形均匀性,调动了更大范围的围岩进行承载。由于变形量测仅选取洞周部分进行分析,变形范围在图中分布较广。复合岩体变形多位于软岩部分,说明在复合岩体中,软岩相比硬岩对支护作用更为敏感,更大范围的软岩在受到支护作用的调动后承载了围岩压力。

图 3-19 所示为洞周围岩主应力演化情况,卸荷后围岩应力先降低后缓慢上升,最后达到平衡。由于支护的支撑作用,围岩的松动压力与支护相互作用,进而进一步产生应力的波动性。拱顶、拱底和边墙的变化趋势相同,但是拱顶处的应力波动幅度明显大于边墙和拱底,说明拱顶软岩受开挖和支护作用的影响更为显著。与软岩相比,同侧硬岩的应力波动较小且趋势更为相似,具有较好的稳定性。

在超载阶段,围岩变形主要发生在软岩部分,出现了软岩的整体滑移破坏。如图 3-18(b)中的 D 图和 E 图,在超载阶段的初期就可见软岩的失稳区范围和形态。随着荷载的增大,软岩失稳区的变形量逐渐增加直至最后岩体垮塌,有明显的渐进破坏的特点。

图 3-20 为超载阶段有无支护围岩破坏位移矢量对比图,两者主要变形区多分布于上部软岩,但是两者的破坏模式有较大差异。无支护下的上部软岩失稳会带动下部硬岩变形,复合岩体沿着结构面滑移,硬岩区出现了剪切破裂带。有支护下的隧道围岩破坏主要出现在上部软岩区,硬岩则保持较好的完整性。

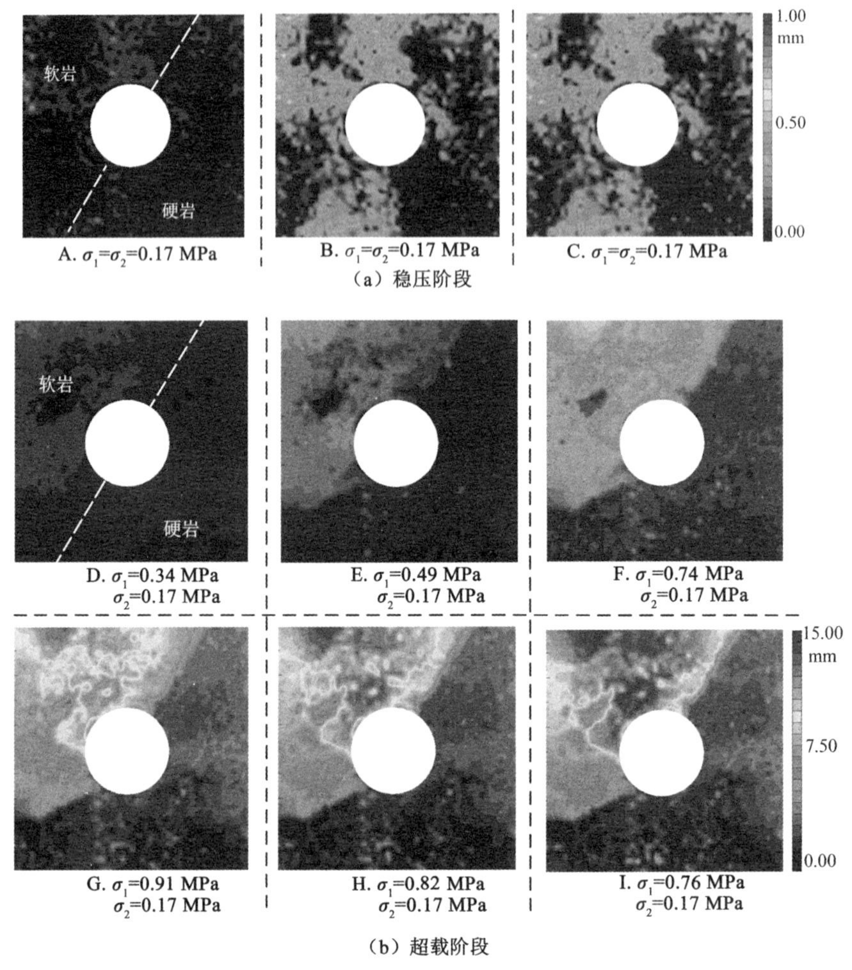

图 3-18 多重支护隧道围岩变形破坏演化图

剪切破裂带会沿着复合岩体拱顶处的结构面开始贯通，下部一直延伸到软岩内部。在超载作用下，支护施作弱化了复合地层软岩和硬岩的相对强度以及结构面对围岩破坏模式的影响。

图 3-17 为多重支护下的加载历时曲线，将其超载阶段与图 3-13 对比可知，多重支护下的复合地层岩体峰前具有明显近似线性变化的特征，无支护则呈现非线性变化特征。这表明支护施作提高了围岩的整体性以及软、硬岩变形的协调性。

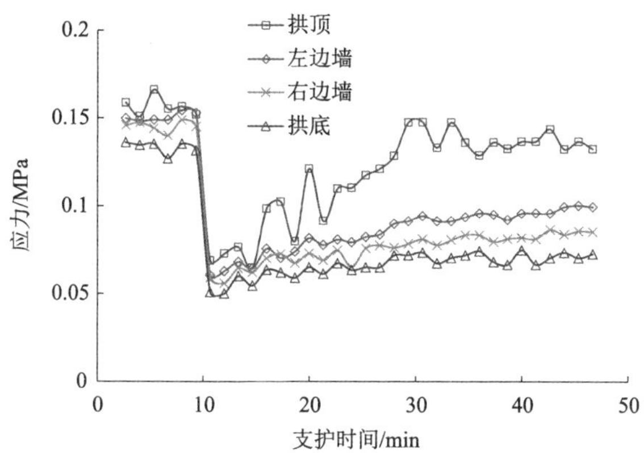

图 3-19　多重支护隧道稳压阶段洞周围岩主应力演化规律

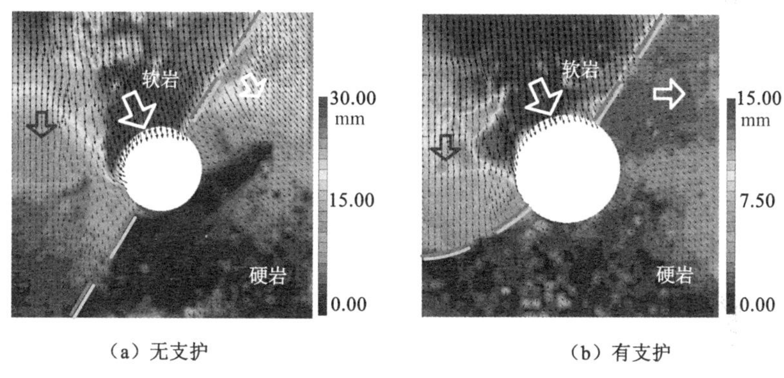

图 3-20　超载阶段有无支护围岩位移矢量对比图

图 3-21 为超载阶段的衬砌受力演化图，由图可见衬砌局部受力从大到小依次为拱顶、拱底、软岩处的左边墙和硬岩处的右边墙。拱顶是主要的承压部位，同时拱顶上部的结构面滑移进一步增加了荷载。由于硬岩分担了荷载，衬砌的右边墙(硬岩侧)受力小于左边墙(软岩侧)。在超载过程中，由于复合地层围岩变形演化具有显著的时空效应，衬砌局部峰值的来临时刻也并不相同，在图中以箭头表示。

衬砌局部受力演化趋势都是先增加然后进入平稳阶段。增加段是由于复合地层围岩的结构承载力因为超载作用的增加而降低，导致了衬砌围压升高。后期当软岩发生进一步剪切滑移后，由于洞周围岩破坏严重，同时超载阶段是由变形控制，此时围岩的荷载方式[130]发生了变化，由深层围岩的“形变荷载”转

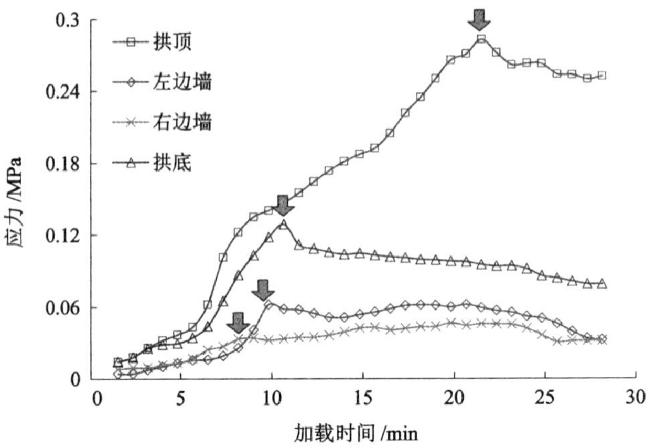

图 3-21　超载阶段衬砌受力演化规律

化为“松动荷载”,衬砌受力进入平稳阶段。

3.4　基于纵断面试验的支护作用规律研究

3.4.1　围岩变形破裂演化分析

图 3-22 为纵断面隧道模型加载历时曲线对比图,图中 A～J 为下文云图对应的荷载位置。图 3-23 为纵断面 TBM 隧道在无支护情况下掘进的围岩变形破坏演化图,此类工况为复合地层结构面走向垂直于隧道轴线的情况。

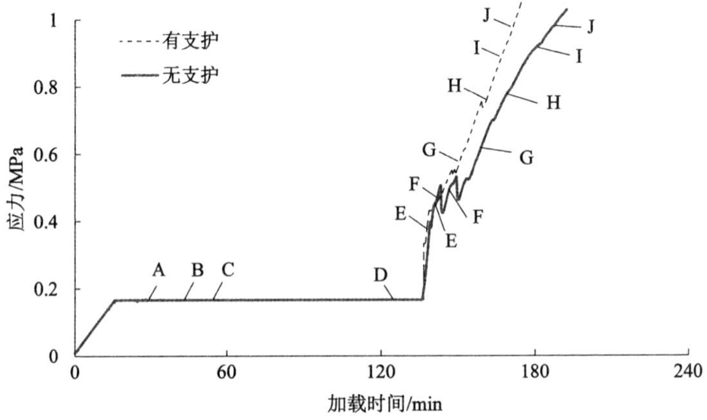

图 3-22　纵断面隧道模型加载历时曲线对比图

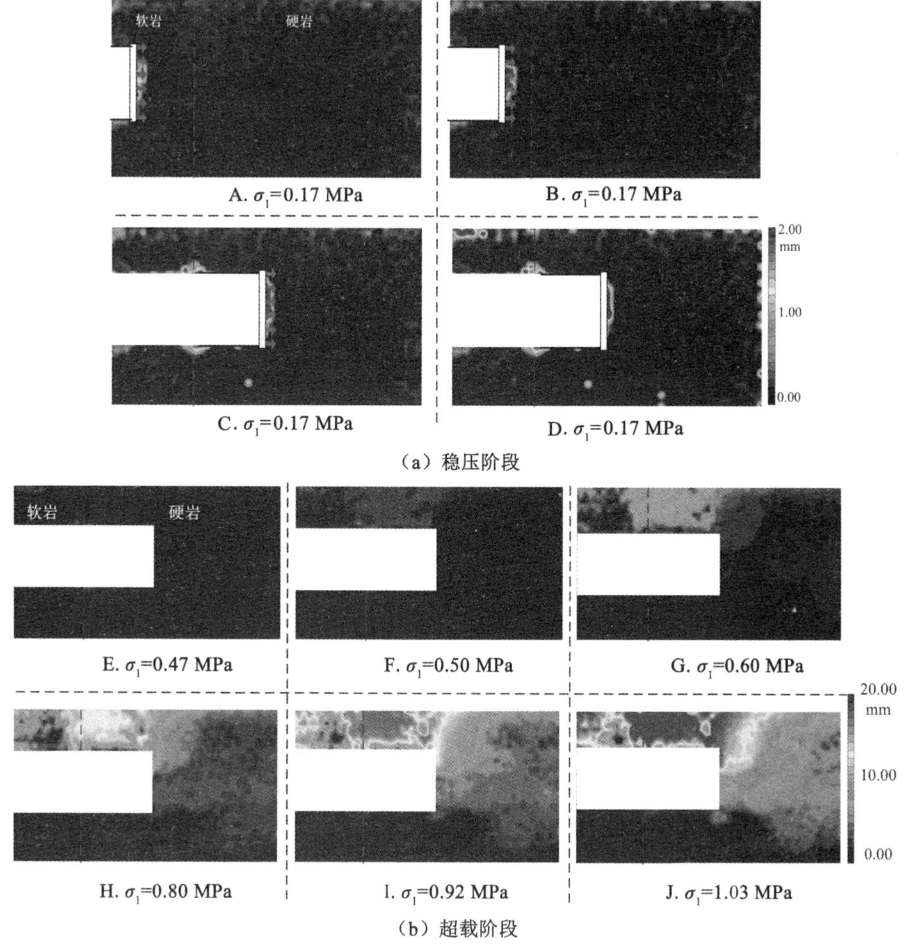

图 3-23　无支护隧道围岩变形破坏演化图

A～D 为稳压阶段(地应力 0.17 MPa)。图 3-23 中 A 图所示为 TBM 进洞时刻,可见洞周软岩的变形集中区域;B 图所示为软岩段掘进;C 图所示为硬岩段掘进,此时在软硬岩的结构面处出现了拱形的变形集中区,沿着结构面呈对称分布,同时隧道拱顶和掌子面出现较大变形;D 图所示为掘进后围压维持稳定一段时间,此时隧道软岩段拱顶变形继续增大,出现新的变形区,硬岩段在结构面处变形继续扩展,其他位置则保持稳定。故当复合地层结构面垂直于隧道轴线时,在掘进过程中围岩变形较多集中于洞周的结构面处,并沿着结构面的方向向拱顶和拱顶两侧扩展。对比图 3-23 和图 3-14 的稳压阶段可知,围岩变形区的范围随着地层走向发生改变，地层走向、倾向变化的影响将在下一章的数值模拟研究中进行详细讨论。

E～J 为超载阶段。当垂直荷载增加到 0.5 MPa，荷载曲线出现了一次跌落，在位移云图中拱顶处可见大范围变形区（图 3-23 中 F 图）。由洞内摄像[图 3-24(b)]可知，此时隧道边墙和掌子面同时出现了裂缝。当荷载增加到 0.57 MPa[图 3-24(c)]时，裂缝宽度加大，掌子面出现坍塌。最后加载到 1.03 MPa[图 3-24(d)]时，整个复合岩体发生了坍塌。

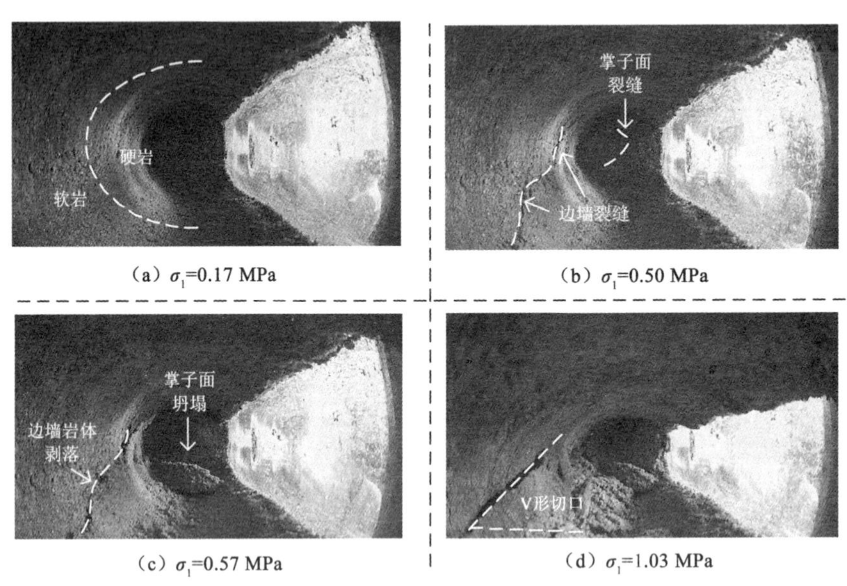

(a) σ_1=0.17 MPa　(b) σ_1=0.50 MPa　(c) σ_1=0.57 MPa　(d) σ_1=1.03 MPa

图 3-24　无支护隧道围岩洞内破坏演化图

在超载阶段，软、硬岩发生了明显的非协调变形，硬岩比软岩承载了更多的荷载，发生了更大的变形，实际工程中表现为高地应力情况下复合地层硬岩段易发生岩爆灾害。然而在恒围压卸荷时，软岩变形多于硬岩，说明复合岩体在加载与卸荷时有着截然不同的力学行为。

图 3-25 为洞周围岩主应力演化图，数据分别采集于软岩和硬岩的拱顶和拱底处。软岩和硬岩有着相似的变化趋势，均为先升高后降低。由于盾构破岩对围岩的扰动，应力发生陡增。由于开挖顺序的先后，软岩的峰值早于硬岩。之后因开挖卸荷，洞周围岩应力迅速降低，重新调整后应力曲线渐渐趋缓，并且软岩段卸荷的幅值大于硬岩段。从图 3-23 中的 D 图可知，软岩段具有较多的变

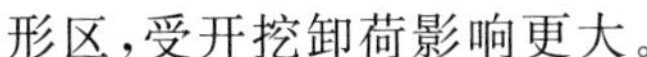
形区，受开挖卸荷影响更大。

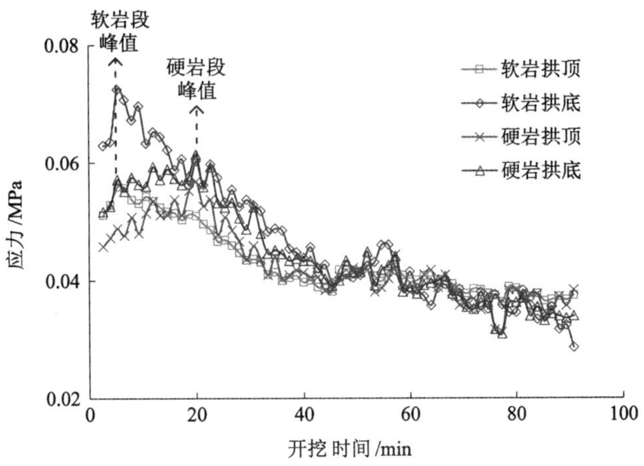

图 3-25　无支护隧道洞周围岩稳压阶段主应力演化规律

3.4.2　围岩与支护相互作用分析

图 3-26 为纵断面 TBM 隧道在多重支护下的围岩变形演化图，其荷载状态对应于图 3-22。对比图 3-26(a)与图 3-23(a)可知，在稳压阶段有无支护下的围岩变形有较大差异，有支护下的围岩变形均匀性增加，变形量更小；无支护下的围岩变形更为集中，变形量更大。如图 3-26(a)中的 A～C 图，支护降低了结构面对地层的影响，在隧道拱顶结构面处未见明显的变形不协调现象。随着时间的增加，软岩段的变形继续增加，拱底出现更多的变形区，硬岩段变形较为稳定。

图 3-27 为洞周围岩主应力的演化情况，开挖后洞周围岩应力先降低后平缓增加，最后围岩与支护相互作用达到稳定，围岩受力趋于平稳。由于开挖顺序的先后，软岩掘进扰动产生的峰值比硬岩靠前。在围岩卸荷后，由于支护反力对围岩变形进行了约束，围岩与支护相互作用产生了后续的应力波动。在应力增加段，软岩受到支护作用的影响更为敏感，软岩段的波动幅度大于硬岩段。

E～J 为超载阶段，此时围岩变形多集中于隧道拱顶，呈均匀分布。由图 3-28的有无支护的围岩位移矢量对比图可知，在多重支护下的围岩变形较为均匀，拱顶无软岩和硬岩的不协调变形现象，且结构面处位移较小。故在超载作用下，在纵断面隧道模型中支护同样弱化了复合地层软岩和硬岩的相对强度

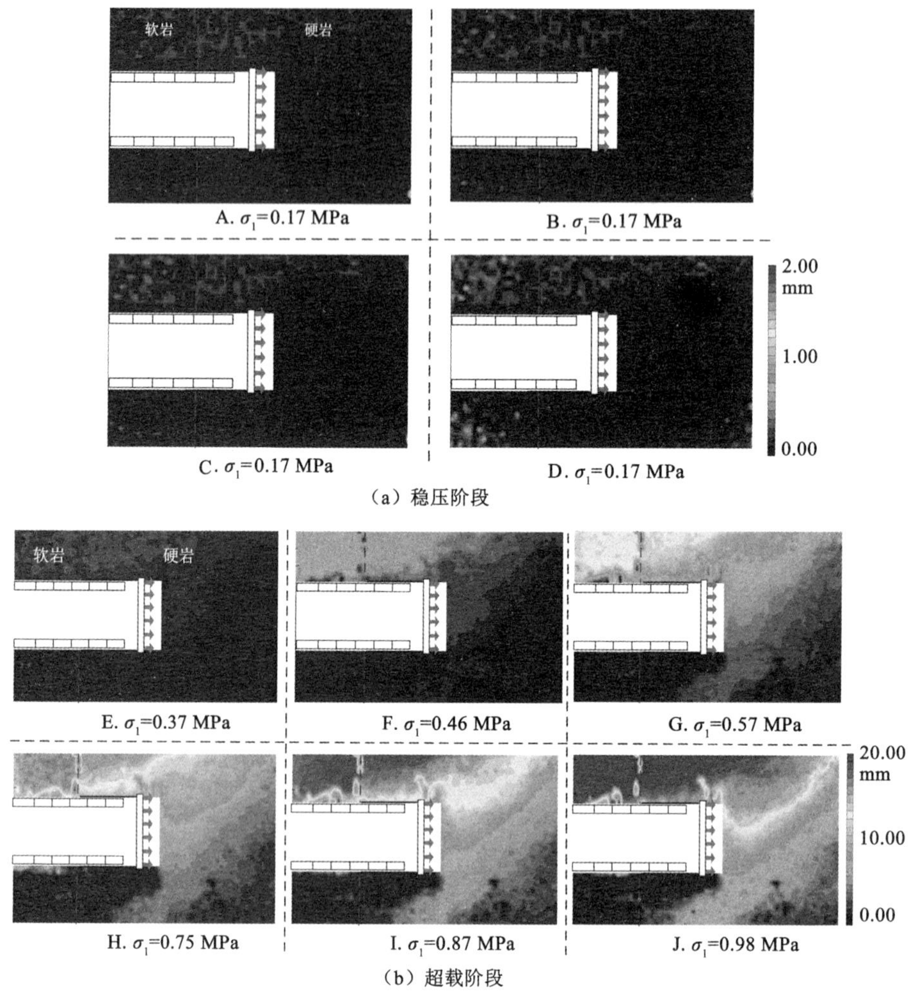

图 3-26　多重支护隧道围岩变形破坏演化图

以及结构面的影响。在横断面隧道模型中，有支护的围岩变形主要发生在软岩部分[图 3-20(b)]，表现为软岩的剪切滑移破坏；而在纵断面隧道模型中，洞周围岩局部变形更加均匀，表现为整个拱顶的垮落和掌子面前方的失稳破坏。

从图 3-22 纵断面隧道模型加载历时曲线对比图可以看出，即使有多次小的应力跌落，多重支护下的复合地层岩体仍具有近似线性变化的荷载变化特征，这是由于支护施作提高了围岩的整体性，而无支护模型则呈现明显的非线性变

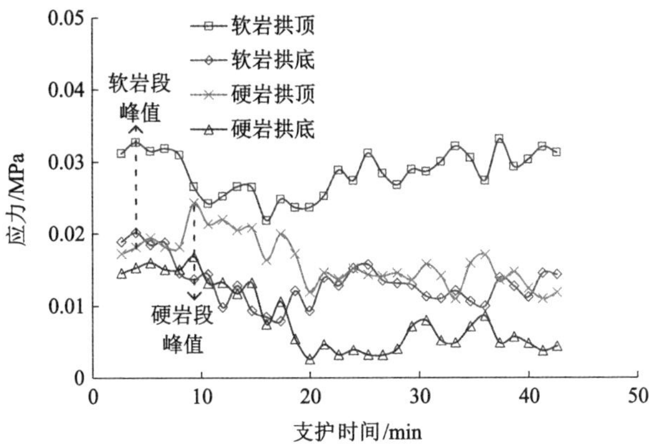

图 3-27　多重支护隧道模型稳压阶段洞周围岩主应力演化规律

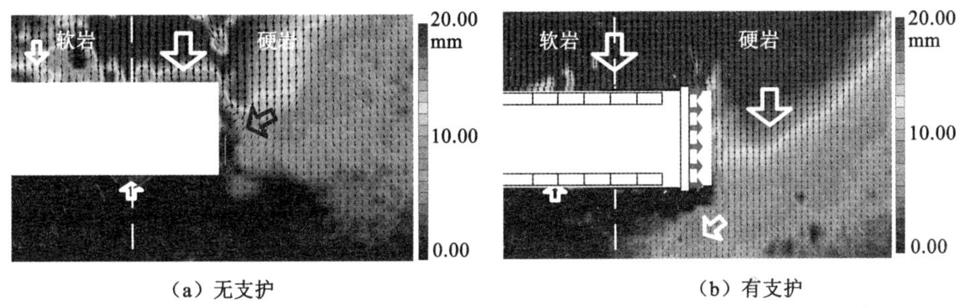

图 3-28　超载阶段围岩位移矢量对比图

化的特征，该现象与横断面隧道模型的情况相同。

图 3-29 为超载阶段的衬砌受力演化图，软岩段与硬岩段有较大差异。首先由于硬岩具有相对更好的支撑作用，使得硬岩段的衬砌受力远小于软岩段，说明硬岩段衬砌在超载作用下相对安全。软岩段的受力曲线与横断面衬砌的曲线类似，为先增加后平稳发展，这是由于深层围岩的“形变荷载”转化为“松动荷载”。而硬岩段的曲线起伏较大，波动性更强，这是由于在纵断面隧道模型中，掌子面前方围岩稳定性会对整个支护结构产生重要影响。由图 3-26 中的 E～J 图可知，随着荷载的增加，掌子面前方的围岩变形区域逐渐向 TBM 机头下方移动，阶段Ⅱ[图 3-29(b)]产生的应力重分布势必对硬岩段的衬砌受力产生较大影响。

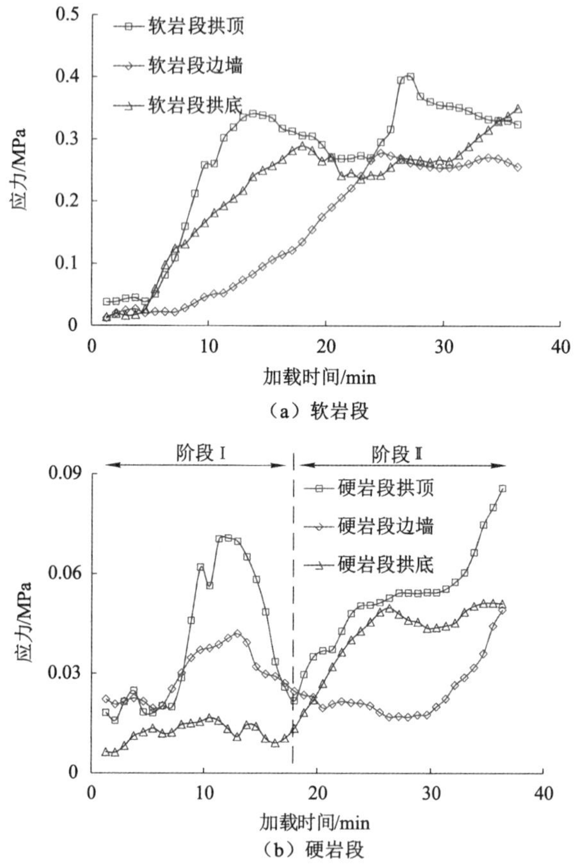

（a）软岩段

（b）硬岩段

图 3-29　超载阶段衬砌受力演化规律

3.5　本章小结

本章介绍了自主研制的中小型电机双轴加载隧道相似模拟试验系统，并基于该试验系统开展了不同工况的相似模拟试验，采用岩土变形计算机视觉量测系统与应变监测系统得到了试验全过程的围岩表面位移场和内部的局部应力场，揭示了围岩破裂演化特征以及围岩与支护系统相互作用的规律，研究得到以下主要成果和结论：

(1) 自主研制了中小型电机双轴加载隧道相似物理模拟试验系统。该试验系统由加载试验机、隧道模型箱和支护模拟装置组成。其中，加载试验机采用稳压效果好且易于精确控制的伺服电机作为动力源，共有3个可独立工作的主动加载点，可实现单轴单、双向及双轴加载功能，水平向可实现在模型几何中心基本不发生改变的情况下精确对称加载，能较好地模拟深部隧道工程复杂的受力环境；配套研制的横、纵断面隧道模型箱以及多重支护结构，为模型试验提供了条件支撑。

(2) 获得了复合地层走向平行于隧道轴线方向时的支护作用规律。围岩的破裂演化从洞内侧沿着垂直结构面的方向向外扩展，硬岩分担了围岩卸荷应力，对整个复合岩体起到支撑作用，使得衬砌的硬岩侧受力小于软岩侧。支护不仅降低了围岩变形量，同样增加了变形的均匀性，调动了更大范围的围岩进行承载。超载阶段有无支护工况下围岩破坏模式有较大差异，支护弱化了软岩和硬岩的相对强度以及结构面的影响，提高了围岩的整体性以及软、硬岩变形的协调性。

(3) 获得了复合地层走向垂直于隧道轴线方向时的支护作用规律。在掘进过程中围岩变形较多集中于洞周的结构面处，并沿着结构面的方向向拱顶和拱底两侧扩展。支护施作削弱了结构面的影响，在隧道拱顶结构面处未见无支护时的变形不协调现象。在卸荷阶段软岩段受到支护作用的影响更为敏感，在超载阶段硬岩具有更好的支撑作用，使得硬岩段的衬砌受力远小于软岩段。

第 4 章　深部复合地层 TBM 隧道支护作用机理

前一章通过物理相似模拟试验研究揭示了深部复合地层 TBM 隧道支护作用规律，本章结合相似模拟试验的研究结果，通过数值模拟进一步研究 TBM 动态掘进过程中围岩与支护的相互作用规律。由于 TBM 隧道施工的空间复杂性，可采用数值模拟得到横向和纵向应力、变形的演化规律，进而对围岩、支护结构以及两者的相互作用进行力学分析，获得三维条件下围岩与支护结构相互作用规律。本章采用数值模拟研究深部复合地层工况的支护作用机理以及围岩变形与支护作用的影响因素规律，为深部复合地层 TBM 隧道施工提供参考。

4.1　数值模拟方法

本章以 FLAC 3D 作为数值分析工具，研究 TBM 掘进过程中围岩与支护相互作用的过程。建立的三维数值模型充分考虑了开挖面附近复合地层的应力重分布，同时提取了隧道纵轴线方向上的位移、应力演变信息，对 TBM 各个的系统组件以及 TBM 与围岩的接触面进行了详细模拟。

所建隧道模型埋深为 1 000 m，隧洞工程区围岩赋存了较高的地应力，由于所处岩体深部，地应力（p_0）水平、竖直向均为 20 MPa。复合地层的模型参数采用第 2 章中的复合岩层泥岩和砂岩的岩石力学参数（表 2-3），采用图 2-13 所示损伤软化本构模型[114]，能够反映深部岩层在峰后变形阶段的力学特性。

模型全长为 80 m，隧道掘进距离为 40 m，掌子面位于 40 m 处。TBM 几何尺寸及技术参数见表 4-1 和表 4-2。如图 4-1 所示，TBM 与围岩之间为非均匀间隙，拱顶间隙大于两帮。在模型构建时考虑了非均匀间隙，可更真实地模拟 TBM 开挖时围岩与支护的相互作用。

表 4-1　TBM 几何尺寸及技术参数

几何尺寸					推力/MPa	自重/kN
刀盘外径/mm	前盾外径/mm	后盾外径/mm	护盾厚度/mm	衬砌厚度/mm		
9 400	9 230	9 170	30	450	0.25	13 000

表 4-2　TBM 结构的物理力学参数[132]

结构	弹性模量 E/GPa	密度 ρ/(g/cm^3)	泊松比 v
护盾	200	7.6	0.3
衬砌	36	2.5	0.2
豆砾石层(初凝)	0.5	2.4	0.3
豆砾石层(硬化)	1.0	2.4	0.3

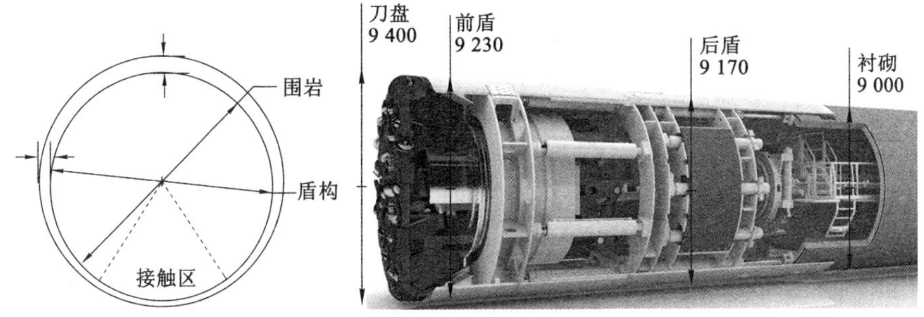

图 4-1　TBM 各部件几何尺寸与空间位置(修改自海瑞克 TBM[131])

深部 TBM 隧道开挖实际是高地应力下的缓慢卸荷过程,数值模拟还原该过程需要使 TBM 的开挖和支护施作动态化,即将围岩与 TBM 分别建模,实行分步掘进与支护。在动态模拟施工过程中的,TBM 每前进 1 m,模型迭代计算一次,围岩的应力还未完全释放,这种模拟方法正适用于 TBM 连续掘进的工况。

TBM 施工模拟的实现步骤如下:

(1) 建立数值模型(图 4-2),盾体与围岩分别建模,围岩本构模型采用损伤软化本构模型,TBM 刀盘、盾体和衬砌采用线弹性本构模型。采用大应变变形模式进行计算,建立 interface 接触面单元模拟支护结构和围岩的相互作用。施加边界条件和初始应力。生成初始地应力场,然后位移清零。

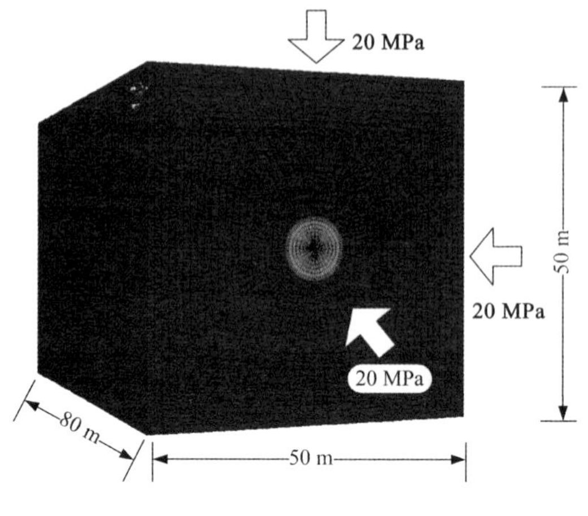

图 4-2　数值模型

(2) 刀盘进洞[图 4-3(a)]。TBM 的刀盘与盾体模型分别在围岩外部建模，

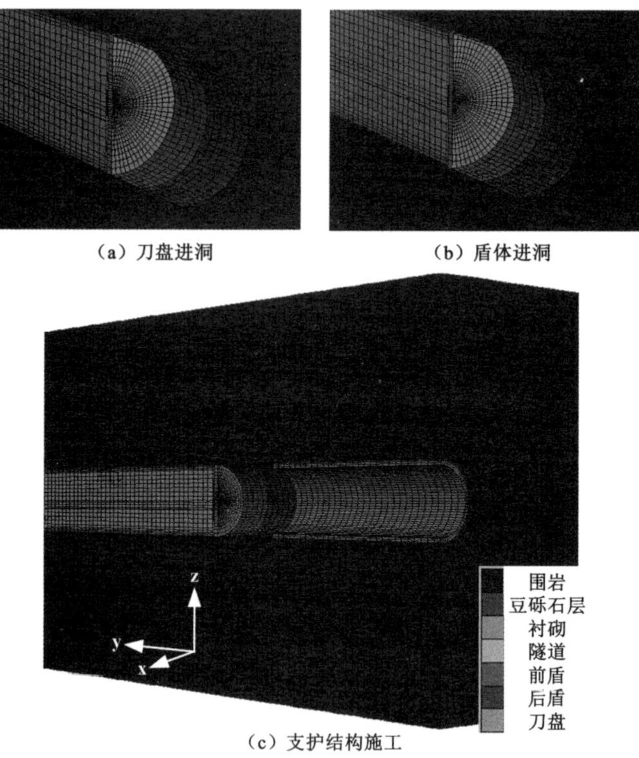

图 4-3　TBM 隧道掘进过程模拟

移动 TBM 前进使刀盘进洞。

(3) 盾体进洞[图 4-3(b)]:通过选择隧道开挖进尺范围所在区域的围岩,然后将其材料特性赋值为空单元实现开挖。刀盘扩挖量为 100 mm,在围岩和盾体表面设置接触界面,TBM 沿着轴线方向每次前进一环。在开挖面施加掌子面推力,并在下一个循环之前删除掌子面推力。

(4) 衬砌拼装与豆砾石充填灌浆[图 4-3(c)]:当管片在盾尾开始拼装时,对于前两环管片,将壁后注浆模拟单元的材料属性调整为豆砾石灌浆层(初凝)。需要指出,本章模型不考虑管片之间的拼接缝对支护结构的影响。在 TBM 前进两环后,材料属性调整为豆砾石灌浆层(硬化)。

4.2　深部复合地层 TBM 隧道支护作用机理分析

为研究深部复合地层 TBM 隧道支护作用机理,根据复合地层结构面走向与隧道轴线的关系,开展了两组数值模拟试验,一组为复合地层结构面走向平行于隧道轴线,复合地层倾角为 60°,另一组为复合地层结构面走向垂直于隧道轴线。每组分别进行有无支护的对比试验:有支护组的多重支护形式为“衬砌+豆砾石充填灌浆”支护,即在动态掘进时,同步施加衬砌支护,并在衬砌壁的非均匀间隙进行豆砾石充填灌浆;无支护组为 TBM 只向前掘进,不进行支护施作。

4.2.1　复合地层结构面走向平行于隧道轴线工况

由第 2 章可知倾角 60°复合岩层具有较高的变形破裂复杂度,本节以倾角 60°为例[图 4-4(a)],研究复合地层结构面走向平行于隧道轴线情况下的围岩变形时空演化规律以及多重支护的作用规律。

为了获取洞周围岩的变形演化规律,在围岩中布置监测线,提取如图 4-4(b)所示 4 条监测线上的数据,分别为拱顶、左边墙、右边墙和拱底。该监测线位于围岩与支护结构接触区,由此绘制有无支护工况下围岩纵向变形曲线(LDP)曲线。研究 LDP 曲线特征对于研究 TBM 与围岩的相互作用具有重要意义,通过提取纵向上的数据可以得到 TBM 掘进和支护全过程的围岩位移和应力变化趋势。在本章有支护组的 LDP 曲线分析中,40 m 处为当前的掌子面位置,0～40 m处为已掘进的区段,其中 28～40 m 为 TBM 机身所在的区段,0～28 m 为已衬砌支护的区段。

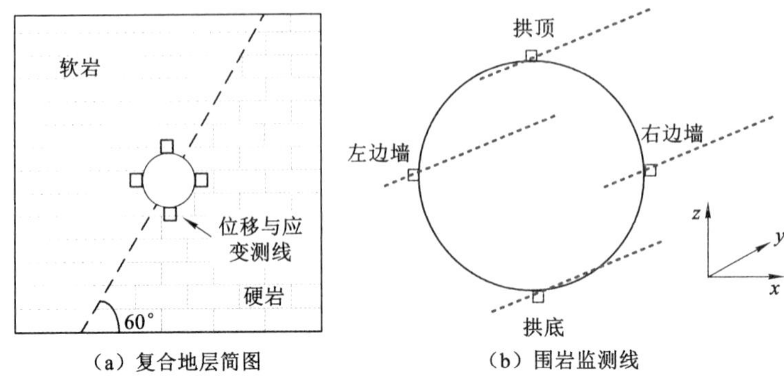

图 4-4　地层工况与监测线布置示意图

围岩受开挖影响,4 条测线邻近掌子面区域都出现了一定的预变形(见图 4-5),这是由于围岩与刀盘刚好接触,刀盘推力产生了应力波动。之后盾体进入复合地层,图中 28～40 m 处为 TBM 机身位置,由于超挖间隙的存在,深部

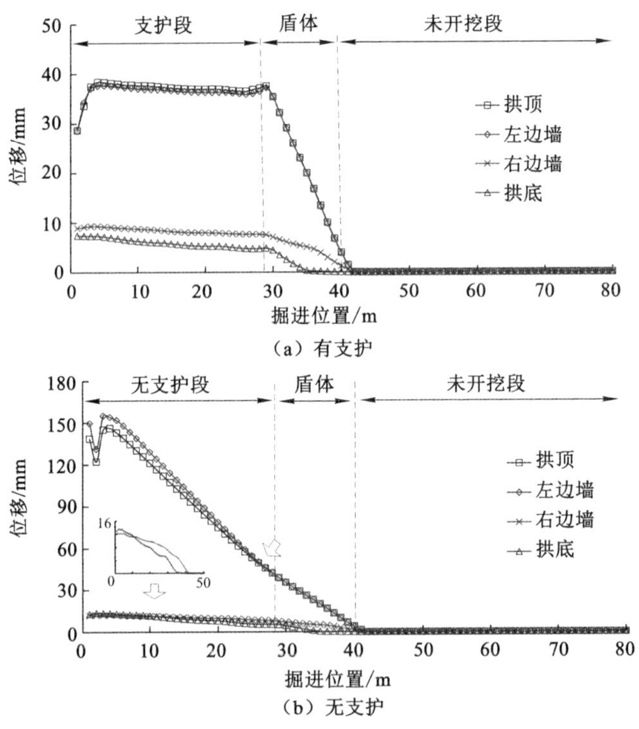

图 4-5　隧道洞周围岩 LDP 曲线

围岩产生大变形，此时有无支护围岩的位移曲线相同，同侧测点变形趋势一致，其中拱顶与左边墙同属上部的软岩区，拱底和右边墙同属下部的硬岩区，软岩的变形远大于硬岩。在 0～28 m 处，多重支护下围岩位移收敛，围岩变形得到有效控制，变形趋缓；无支护组位移则随着开挖时间的增加而增大，且在该段洞壁围岩已经发生卸荷屈服，围岩位移曲线呈现非线性特征。无支护组的下部硬岩变形较小，具有自稳性。

通过对比有支护与无支护组的位移曲线，可以得知复合地层围岩的不同部位对于支护的敏感度存在差异。在无支护时，同处于软岩区的左边墙比拱顶的位移变化大。有支护时左边墙与拱顶的变形一致，说明支护后软岩的边墙和拱顶变形更为协调，同时也表明左边墙在受到支护作用后变化更为敏感。同处于硬岩区的右边墙与拱底，在无支护时曲线发生了相交，有支护时变形则更为协调，拱底受到支护作用后变化更为敏感。可见通过衬砌与壁后灌浆的支护作用，使得复合地层洞周围岩的变形更为协调，软岩边墙和拱底受到支护作用后位移变化更为敏感。

表 4-3 为有无支护工况下，模型横断面位移、塑性区与最大主应力的对比图。从位移云图可以发现有支护组的变形区形状较为规则，围岩变形均匀，与上文提到的支护后岩体变形更为协调的结论相一致。同时，支护组的下部硬岩也出现了变形区，与上部的软岩变形区连成了一个整体，变形区沿着垂直结构面的方向发展，说明支护调动了硬岩进行承载。而无支护组的变形区只发生在上部软岩部分，并且形状不规则，拱顶和左边墙为变形发展方向。而且无支护组的变形范围小于有支护组，但洞周变形量远大于有支护组。

表 4-3　有无支护工况下位移、塑性区与最大主应力横断面对比图

	有支护	无支护
位移云图	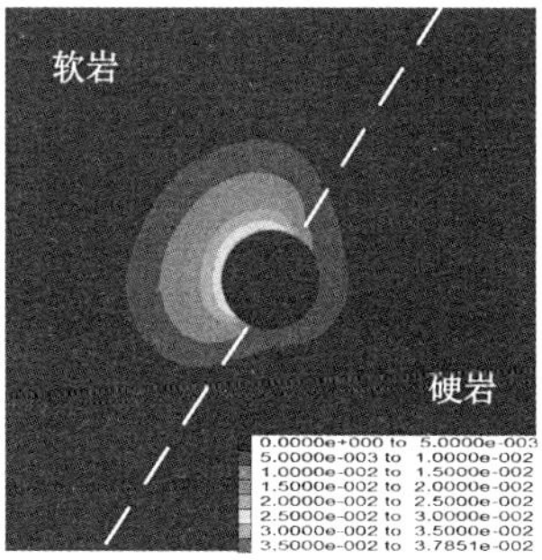	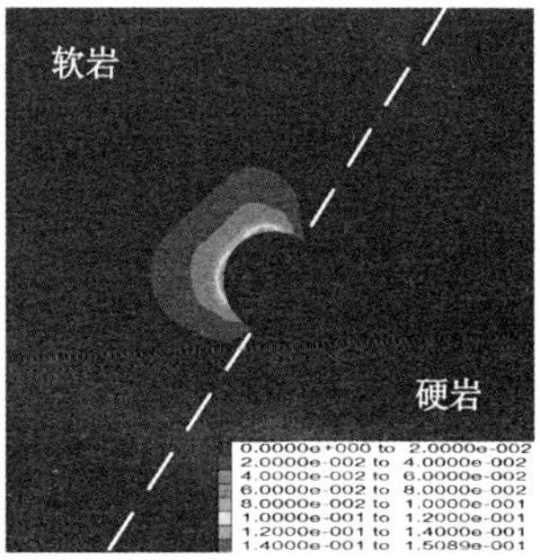

表 4-3(续)

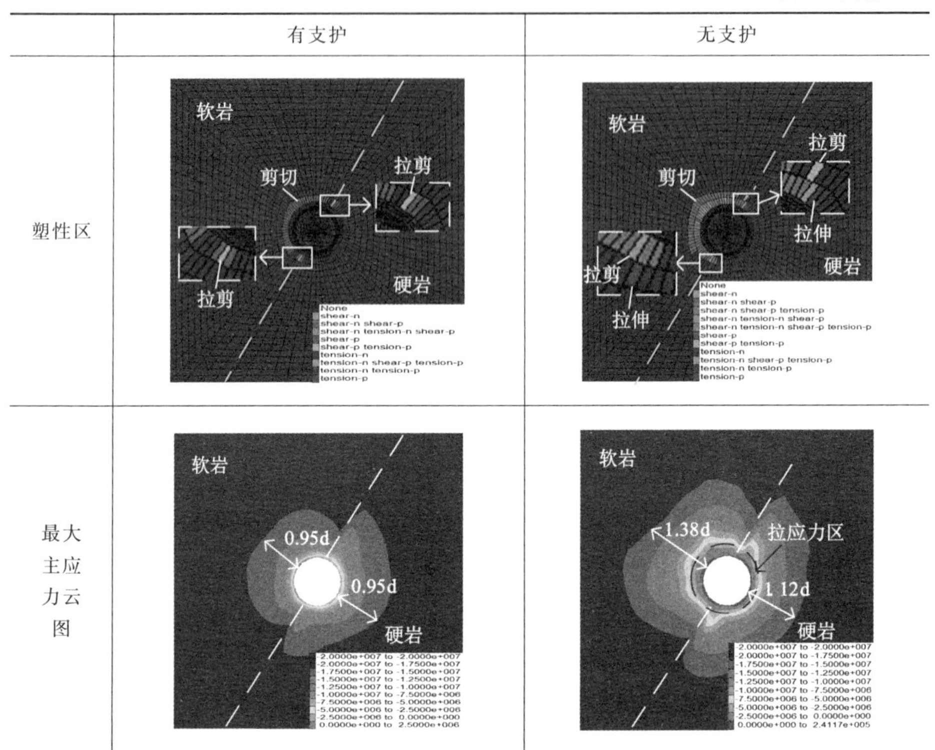

	有支护	无支护
塑性区		
最大主应力云图		

开挖卸荷后,围岩塑性区主要发生在上部软岩部分。无支护组的塑性区范围更为复杂,在洞周内侧为拉剪损伤区,外侧为剪切损伤区,结构面处出现了软岩的拉剪和硬岩的拉伸损伤。有支护组的塑性区范围较小,结构面处只存在拉剪损伤。

由最大主应力云图可知,无支护组洞周围岩的拉应力区明显大于有支护组,并且应力集中区范围更大。结构面改变了围岩卸荷后的应力分布,最大主应力区沿着垂直结构面的方向发展。在垂直结构面方向,有支护组软岩与硬岩有着相同的最大主应力范围;无支护时,软岩区最大主应力区的范围超过硬岩区 23.2%。因此支护施作通过将软、硬岩结合为一个整体,平衡了软岩与硬岩的受力,减小了软岩与结构面处的损伤区范围。

由衬砌的最大主应力云图(图 4-6)可知,衬砌的受力分布不均匀,软、硬岩的分布对衬砌的局部受力产生较大影响,图中拉应力为正值、压应力为负值。衬砌在软岩侧有局部的拉应力集中区,以垂直于结构面的方向为最大值。由于硬岩的支撑作用，硬岩侧衬砌的受力相对较小，其结构偏安全，可相应优化衬砌配筋的设计。

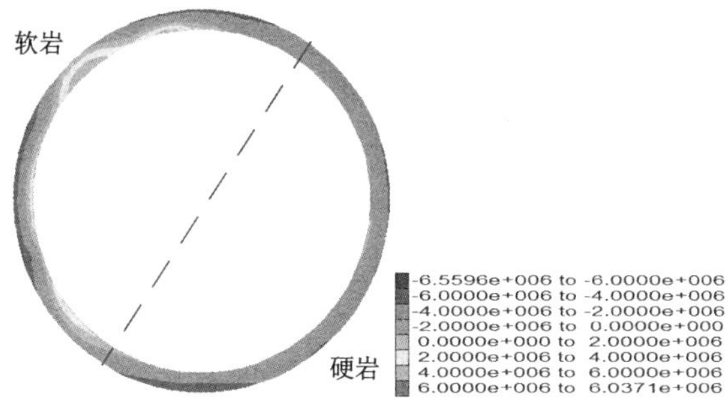

图 4-6　衬砌横断面最大主应力云图

表 4-4 为有无支护工况下，模型纵断面位移云图与矢量对比图，可见 TBM 在掘进方向的岩体变形趋势。对比可见无支护组的变形范围小于有支护组，但洞周变形量远大于有支护组，即支护施作后围岩具有更大的变形范围和更小的变形量，这与上一章的模型试验结论一致。

表 4-4　有无支护工况下纵断面位移云图与矢量图

	有支护	无支护
位移云图	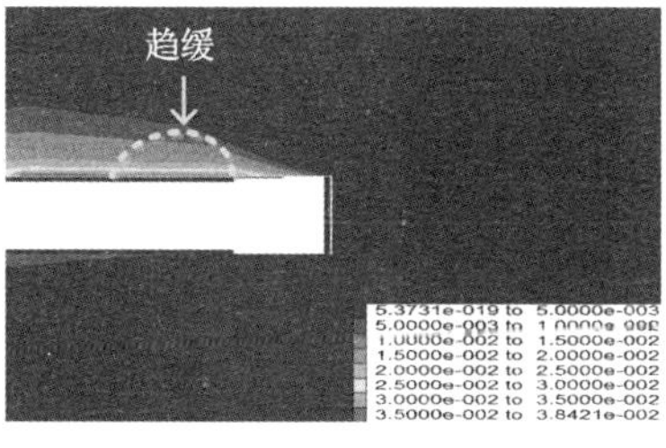	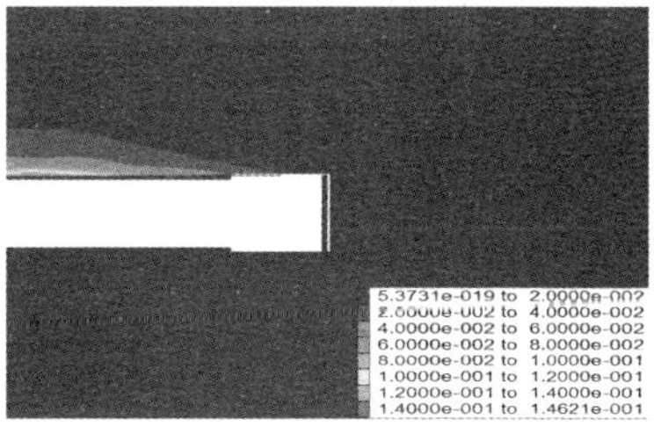
位移矢量图	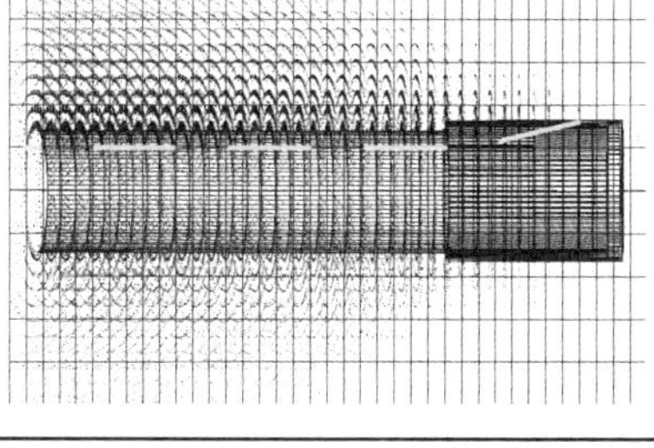	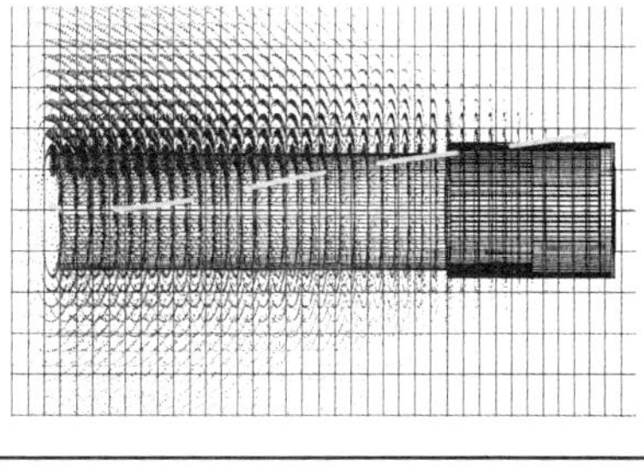

表 4-4 中有支护组在后盾处出现拱效应，这是由超挖间隙引起的。由于从刀盘、前盾至后盾外径依次变小（见图 4-1），上层岩体产生拱效应。在拱效应的后方为支护区，围岩变形较为平缓直至收敛。压力拱的形成使得洞周围岩应力重分布，并把作用于拱上的荷载传递到边墙。围岩中的左边墙软岩和右边墙硬岩同时受到荷载，由表 4-3 最大主应力云图可知，硬岩对岩体起到支撑作用分担了荷载，结构面附近的硬岩具有更大的承载区。

无支护位移云图中围岩变形从掌子面向后逐渐增大，围岩在洞口处变形趋缓。由于洞口处围岩处于峰后的残余强度，外部随即形成了压力拱，传递了围岩压力，对围岩的进一步变形形成了约束，因此位移矢量相对平缓。

图 4-7 所示为多重支护下洞周围岩最大主应力曲线，在未开挖段（40～80 m）为原岩应力 20 MPa，在掌子面（40 m 处）前方由于刀盘推力产生了一个峰值。由于开挖卸荷和支护的作用，洞周围岩应力在盾体和支护段发生了多次波动。

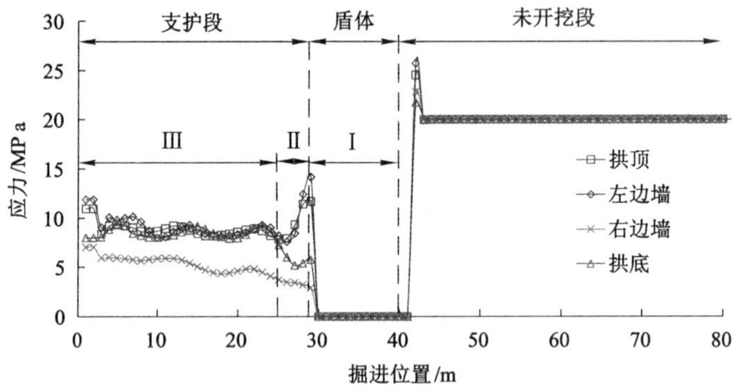

图 4-7　多重支护工况下隧道洞周围岩最大主应力曲线

受开挖影响在邻近掌子面区域出现了应力集中，第一次波动（30 m）是因为围岩与刀盘接触产生。之后发生的多次小波动，是由于注浆回填及施加管片衬砌，围岩应力和支护结构充分接触，两者相互作用所致。应力大小总体上为左边墙＞拱顶＞拱底＞右边墙，且前三者趋势大致相同，不同于右边墙曲线。这说明右边墙硬岩受到卸荷与支护作用较小，应力发展较为平稳。由表 4-3 可知，右边墙硬岩无塑性区，受到影响较小。

图 4-7 中的阶段Ⅰ属于 TBM 超挖段，围岩与盾体并无接触。在阶段Ⅱ中，由于开挖卸荷作用，围岩各部分都出现了较大的峰值。在阶段Ⅲ，围岩与支护相互作用，进入了平衡与振荡的阶段。豆砾石灌浆层硬化以后，和衬砌共同作用形成复合支护结构，协同承载围岩应力，最终围岩与支护体的应力达到平衡，

围岩变形得到收敛。

图 4-8 所示为有无支护工况的围岩最大主应力云图，对应于图 4-9 所示的断面位置。有支护组洞周应力因支护施工发生了变化，开始由于开挖卸荷洞周产生了拉应力区(断面 a)，由于支护反力洞周应力变为压应力(断面 b)。经历应力振荡和调整后(断面 c)，洞周拉应力的范围和数值逐渐减小(断面 d)。有支护后的围岩应力特征表现为拉-压的振荡变化，以及洞周拉应力区的缩小，反映了支护与围岩卸荷之间相互作用的过程。无支护组拉应力范围和大小都随时间逐渐增大，反映了围岩的缓慢卸荷过程。

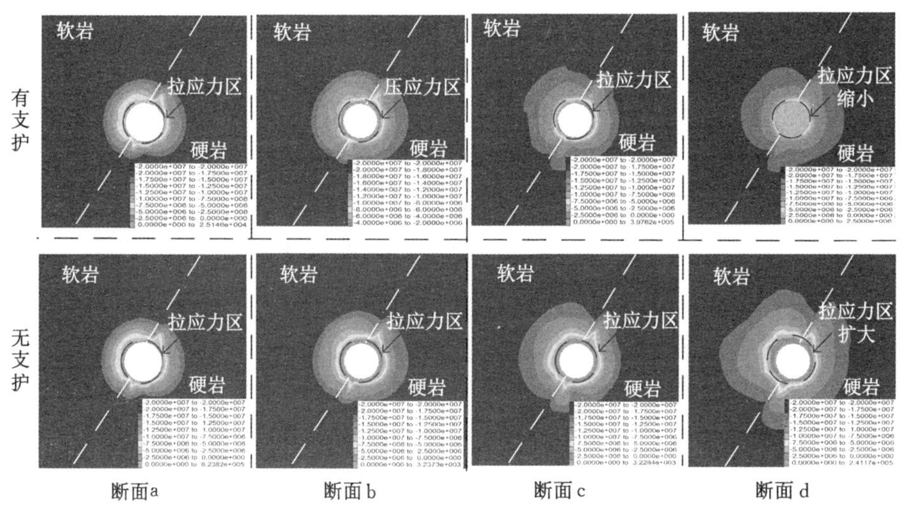

图 4-8　有无支护工况下围岩最大主应力对比图(对应于图 4-9)

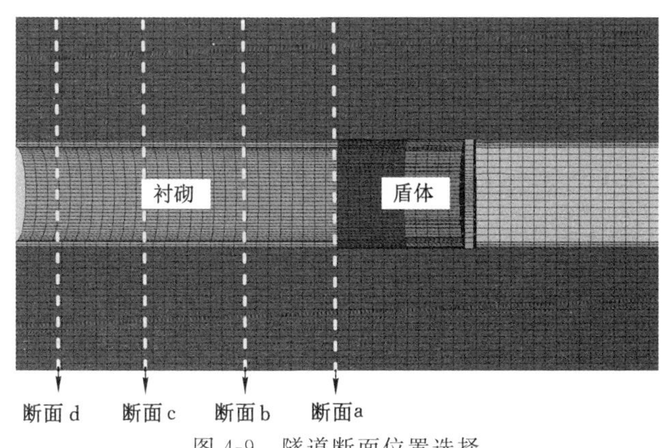

图 4-9　隧道断面位置选择

图 4-10 为有无支护工况的围岩剪应变率云图，对应于图 4-9 所示的掘进位置，可得到开挖卸荷后围岩剪应变率的变化规律。剪应变率梯度（高低值变化区域）越大，应变局部化现象越显著[133-135]。剪应变率的高低值变化区域，反映了该区域应变积累的特征，是潜在的岩体破裂区。对比有无支护工况的剪应变率云图可以发现，无支护洞周的剪应变率梯度远大于有支护组，并且集中分布于洞周软岩处，当洞周的剪应变率梯度达到一定程度后，将引起洞周的岩体破裂。

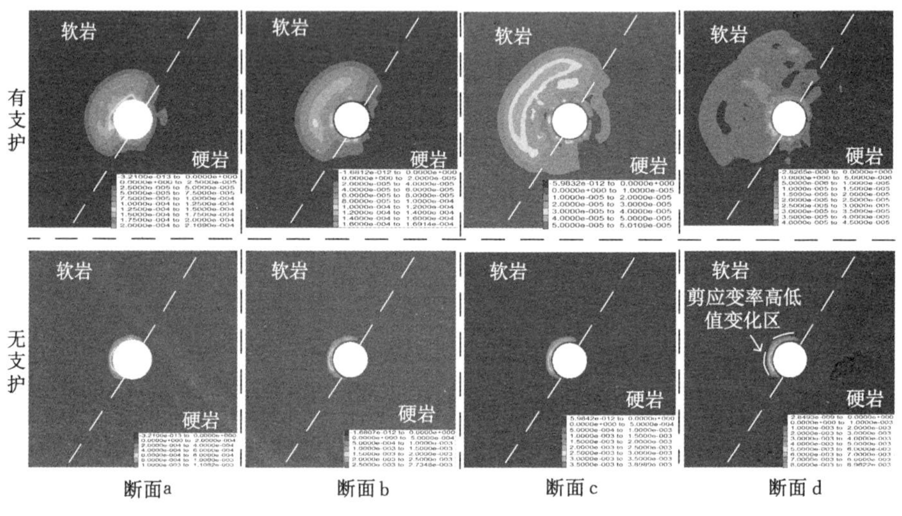

图 4-10　有无支护工况下围岩剪应变率对比图（对应于图 4-9）

支护减小了洞周围岩的剪应变率梯度。有支护组围岩的剪应变率呈现从洞周向外部扩散的趋势，剪应变率梯度在数值上远小于无支护组。并且有支护组中硬岩区也存在剪应变率范围，硬岩和软岩的剪应变率区发生了贯通，进一步降低了剪应变率梯度。支护施作后围岩具有较小的剪应变率梯度，同时具有面积较大的剪应变率分布。

4.2.2　复合地层结构面走向垂直于隧道轴线工况

本节研究复合地层结构面走向垂直于隧道轴线的工况（图 4-11）下，围岩变形的时空演化规律以及多重支护作用规律。该工况下隧道横断面为均质地层（软岩或硬岩），隧道纵断面为复合地层，该工况常见于隧道穿越软弱断层破裂带出现岩体强度软硬不均的情况。

图 4-12(a)所示为多重支护下的洞周围岩的LDP 曲线，20 m 处为软硬地层的结构面。围岩位移整体上，拱顶和边墙的趋势较为一致，拱底位移量较小。由于支护作用，位移曲线在软岩段与硬岩段趋势都较为平稳，在结构面处可见较大的位移波动。

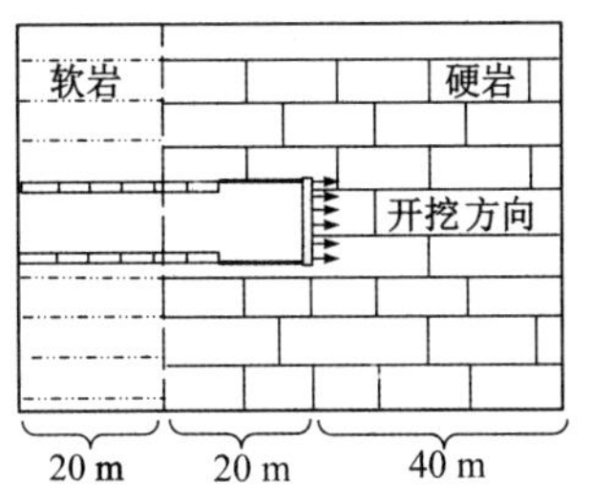

图 4-11　地层工况示意图

图 4-12(b)所示为无支护下的洞周围岩的LDP 曲线，由于硬岩具有一定的自稳性，硬岩段的位移量较小。结构面处同样发生了较大的位移，结构面处的位移曲线斜率大于纯软岩段，说明在复合地层结构面走向垂直于隧道轴线的工况下，结构面处围岩受到开挖卸荷作用的影响最为显著，这与第 3 章模型试验所得结论一致。

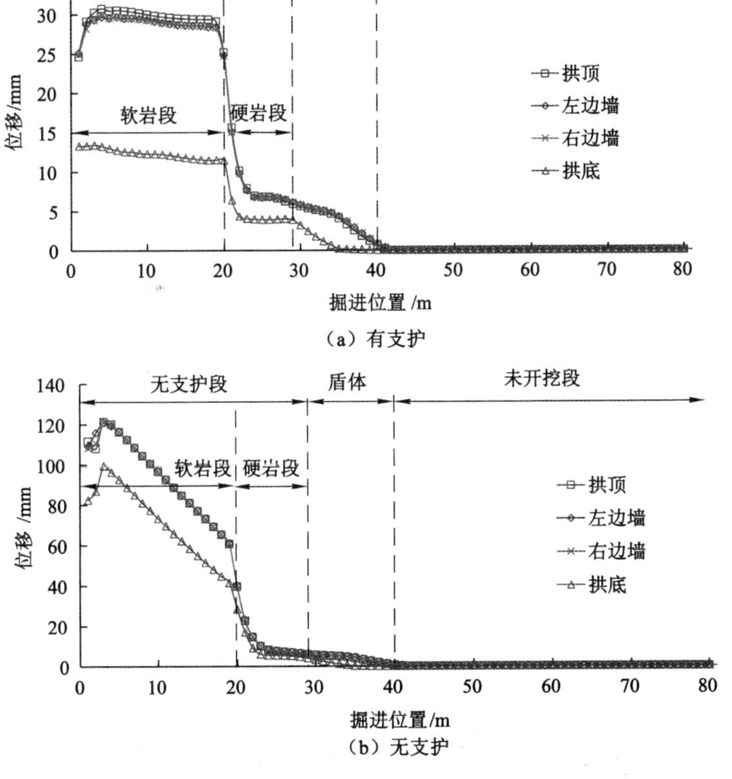

图 4-12　隧道洞周围岩 LDP 曲线

在复合地层结构面走向垂直于隧道轴线的工况下，除了控制高地应力下的软岩段大变形，控制结构面处的围岩变形失稳更为重要。

表4-5为有无支护的工况下，位移、塑性区与最大主应力纵断面对比图。由位移云图可知变形区主要发生在软岩段，特别在结构面处出现了位移的陡升。由塑性区可知，开挖卸荷作用使得支护组在结构面处出现了拉伸损伤。无支护组的围岩损伤更为复杂，除了结构面处的拉伸损伤外，软岩段洞周还出现了拉剪损伤。支护组的洞周最大主应力集中在拱顶，在结构面处出现了应力集中，拱底则几乎没有单元发生屈服。无支护组洞周则表现为较大的拉应力集中，软岩段产生了较大面积的拱效应。

表4-5 有无支护工况下位移、塑性区与最大主应力纵断面对比图

	有支护	无支护
位移云图	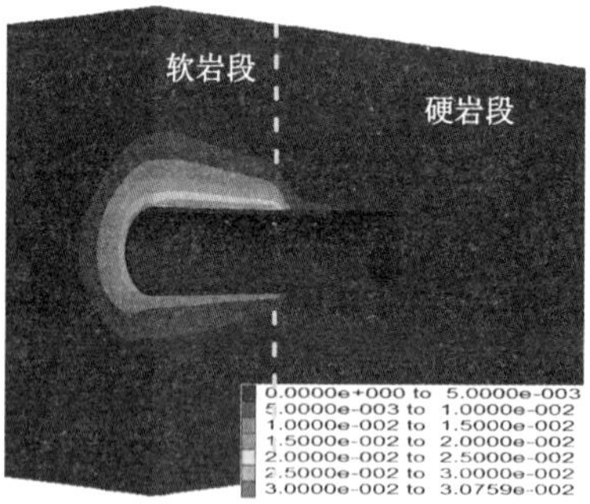	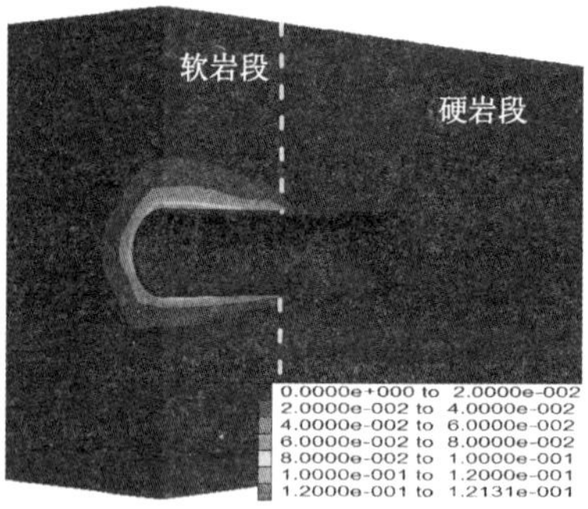
塑性区	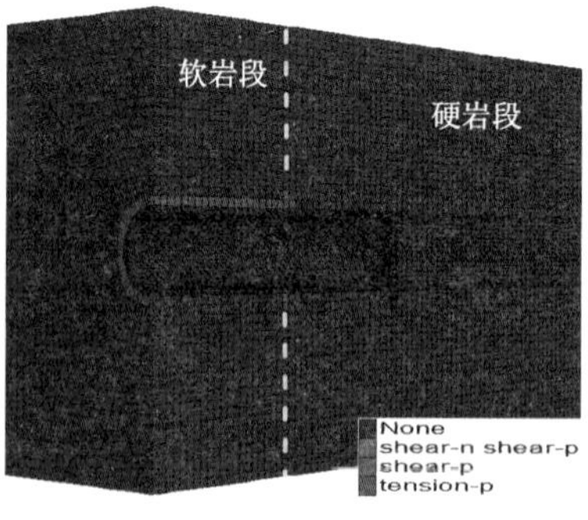	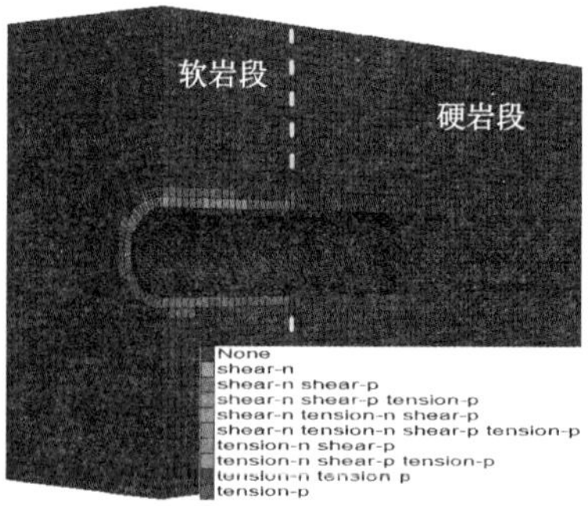

表 4-5(续)

	有支护	无支护
最大主应力云图	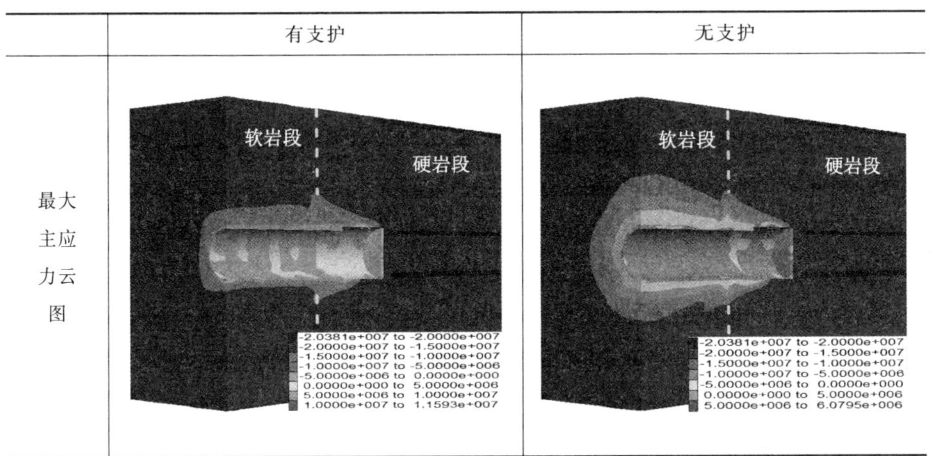	

图 4-13 所示为多重支护工况下的洞周围岩最大主应力曲线，结构面处受到开挖卸荷的影响较大(20 m 处)，拱顶、左边墙和右边墙在结构面处都出现了较大的应力波动。由塑性区云图可知，结构面处出现了拉伸屈服，受到开挖卸荷的影响较大。拱底由于尚未发生屈服损伤，在该段偏安全，没有产生较大的应力波动。

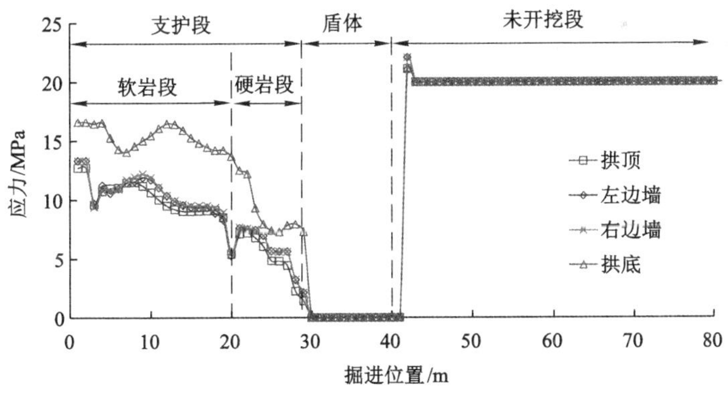

图 4-13　多重支护工况下隧道洞周围岩最大主应力曲线

图 4-14 所示为衬砌的最大主应力与位移云图，软岩段与硬岩段由于不同的卸荷特征，对衬砌产生了不同的荷载效应。图中拉应力为正值，压应力为负值。软岩段衬砌受到较大压力荷载[图 4-14(a)]，产生了较大的形变[图 4-14(b)]，

在衬砌内侧形成了环形的拉应力集中带。硬岩段衬砌受力较小,几乎无位移。

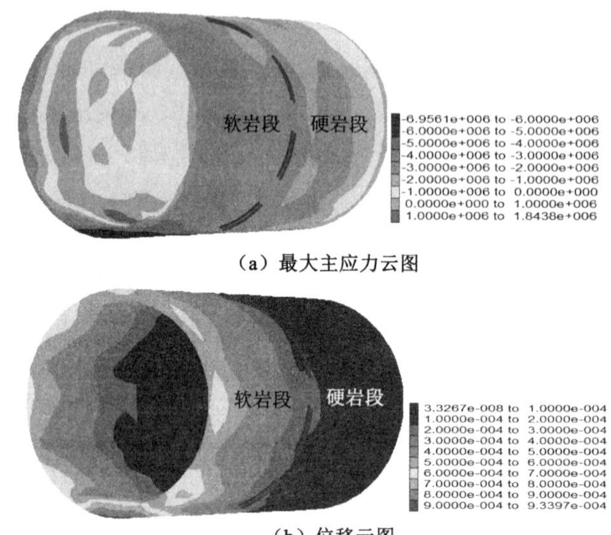

(a) 最大主应力云图

(b) 位移云图

图 4-14　衬砌最大主应力与位移云图

在复合地层结构面走向垂直于隧道轴线的工况下,硬岩具有较强的支撑作用,衬砌受力小,偏安全。软岩段开挖卸荷后容易出现大变形,需要加强衬砌的强度设计。尤其在结构面处围岩变形较大,应重点加强支护,避免该处发生管片错台和开裂的事故。

4.3　围岩变形与支护作用的影响因素分析

4.3.1　复合地层倾角对围岩变形以及支护作用的影响

第 2 章研究了复合岩层在有侧限加载下的破坏模式,发现当复合岩层倾角为小角度时,V 形切口破坏由洞内沿着结构面向外侧扩展,岩体发生了渐进式的剥落;当复合岩层倾角为大角度时,V 形切口破坏由洞内沿垂直结构面的方向扩展。本节同样研究复合地层的破坏模式,研究对象为实际 TBM 开挖卸荷的工况,研究复合地层倾角对围岩变形以及支护系统的影响,不同倾角的复合地层分布如图 4-15 所示。

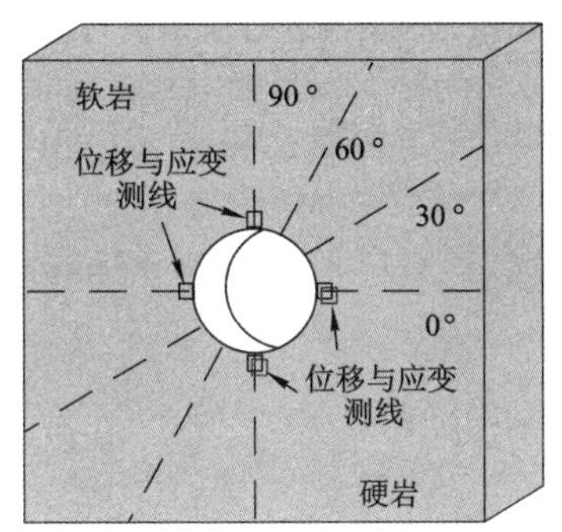

图 4-15　复合地层倾角工况与监测线示意图

图 4-16 为不同倾角下围岩的位移云图与最大主应力云图，地层条件为水平、竖直向均为 20 MPa。可见洞周位移垂直于结构面分布，软岩侧变形大于硬岩侧。由于支护作用，软岩与硬岩的变形区连接为一个整体。最大主应力区分布与位移类似，呈现垂直于结构面分布的特征。由于硬岩对结构面和软岩具有支撑作用，硬岩侧在结构面区域的受力范围大于软岩侧。

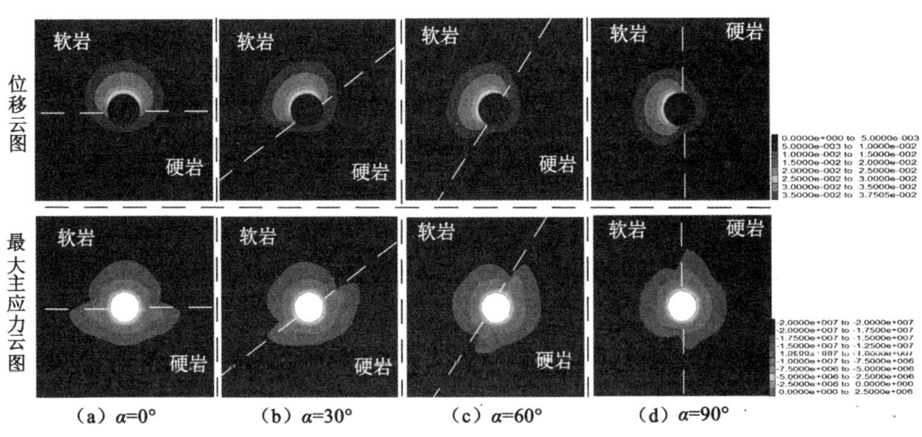

图 4-16　不同倾角下围岩的位移云图与最大主应力云图

综上所述，在不同地层倾角下，复合岩体在加载与卸荷时呈现了不同的变形演化规律。主要区分在小角度(0°和 30°)，加载时洞周沿着结构面向外破裂，卸荷时则沿洞周向垂直结构面的方向破裂；在大角度(0°和 60°)时，两者趋势一致，均沿着垂直结构面的方向损伤破裂。

表 4-6 所示为不同倾角时洞周围岩 LDP 曲线与最大主应力曲线，测线位置如图 4-15 所示，得到不同复合地层倾角模型的洞周位移和应力的变化趋势。

表 4-6　不同倾角时洞周围岩 LDP 曲线与最大主应力曲线

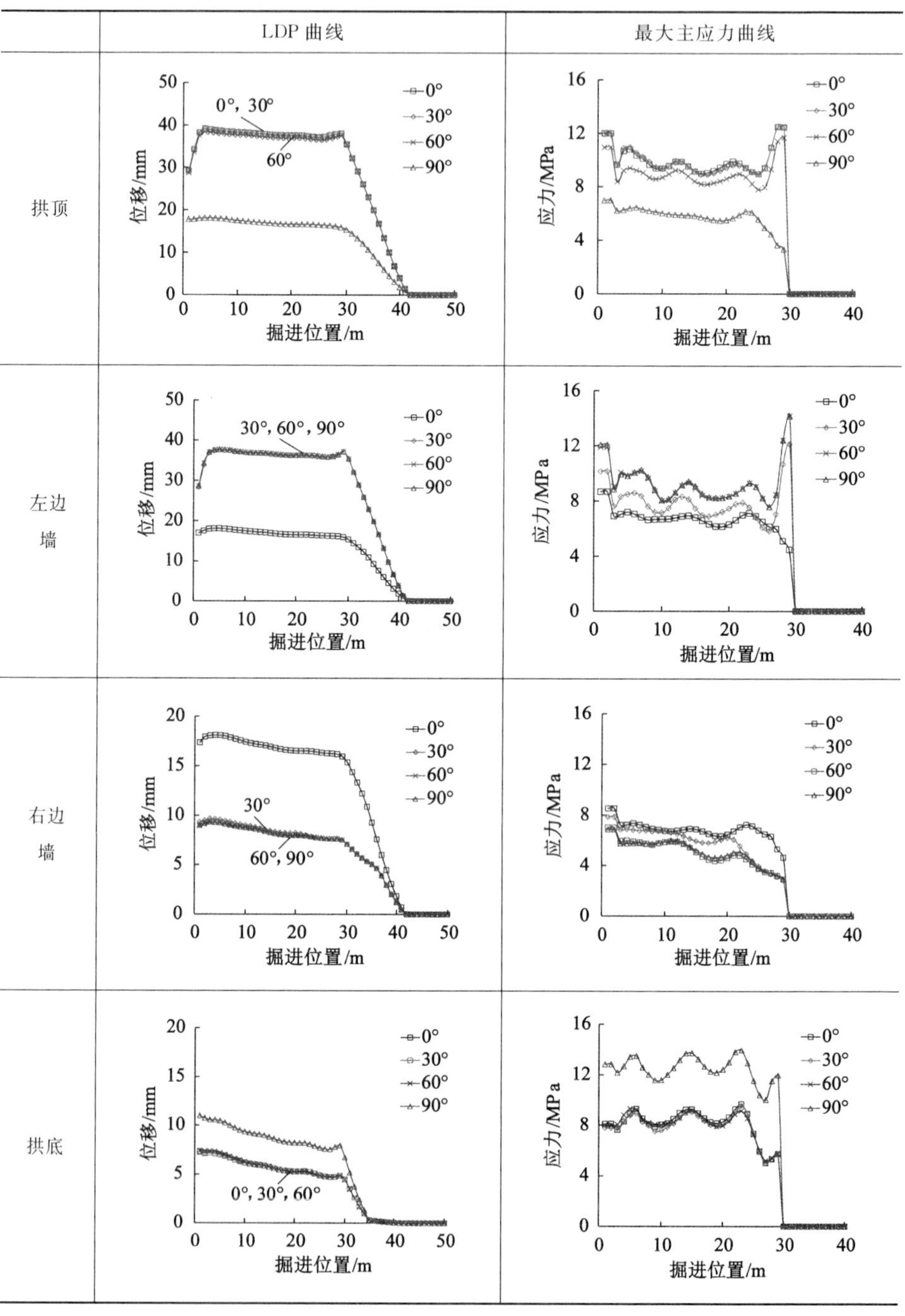

由拱顶围岩的 LDP 曲线可知，0°、30°和 60°同处于软岩区，曲线趋势相同，与拱底相差较大。由拱顶围岩的最大主应力曲线可以看出，0°、30°和 60°具有相同的变化趋势，但 90°曲线波动性较小。这是由于当倾角为 90°时，拱顶测点处于软、硬岩的交界面(结构面)处，硬岩对软岩具有支撑作用，一定程度上平缓了应力波动，从而减小了拱顶位移。

左边墙的 LDP 和应力曲线与拱顶具有相同的特点，即测点在结构面处的 0°倾角复合地层具有更平缓的应力波动和更小的位移。左边墙为软岩测点的 30°、60°和 90°则有相对更大的应力波动和更大的位移量。支护作用引起的应力回升顺序也有不同，回升得越早说明支护发挥作用越早。60°和 90°模型测点最先受到支护作用，曲线从波谷开始回弹。由于 30°、60°和 90°的右边墙测点为硬岩，具有较好的自稳性，三者的位移都较小。0°的右边墙测点处于结构面处，位移相对较大。

由拱底围岩的 LDP 曲线可知，90°倾角复合地层的拱底测点具有更大的位移和应力。这是由于倾角 90°时，拱顶测点处于结构面处，软岩增加了该处的变形，而其他角度的复合地层拱底全是硬岩，位移量小。可见结构面处的软岩会增加应力波动，增大围岩变形。对比各个位置的最大主应力曲线可以得知，软岩测点处因开挖卸荷有较高的应力峰值，因支护施作有较早的应力回弹，说明软岩受到掘进和支护的敏感度都较高。

本节研究的是上软下硬的复合地层结构面受 TBM 开挖卸荷影响后的应力分布特征。如图 4-17 所示，含有结构面的层状岩体也具有类似变形破坏特征。

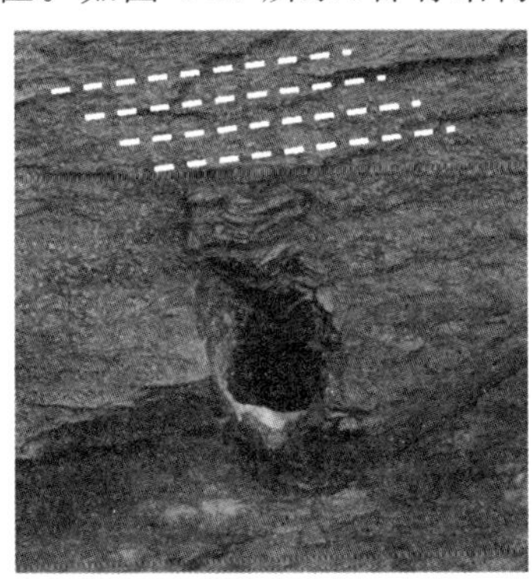

(a) $\alpha = 0°$[136]

(b) $\alpha = 30°$[136]

图 4-17　层状岩体的破坏模式

（c）α= 90°衬砌破坏[137]

图 4-17 （续）

隧道的损伤破坏方向为垂直于结构面，是与岩层相切的位置，衬砌在该方向上更易发生损坏。深部复合地层的围岩卸荷特征与层状围岩类似，垂直结构面方向为损伤破坏的发展方向。

由图 4-18 所示衬砌受力云图可知，随着地层倾角的变化，衬砌的最大主应力区域也随之发生改变。图中拉应力为正值，压应力为负值。拉应力区分布于衬砌内侧，呈环形，主要分布在垂直结构面的软岩侧。管片一般为受拉破坏，图中环状的拉应力区是衬砌易破坏、较薄弱的部位。由于硬岩的支撑作用，硬岩侧的衬砌相对安全。

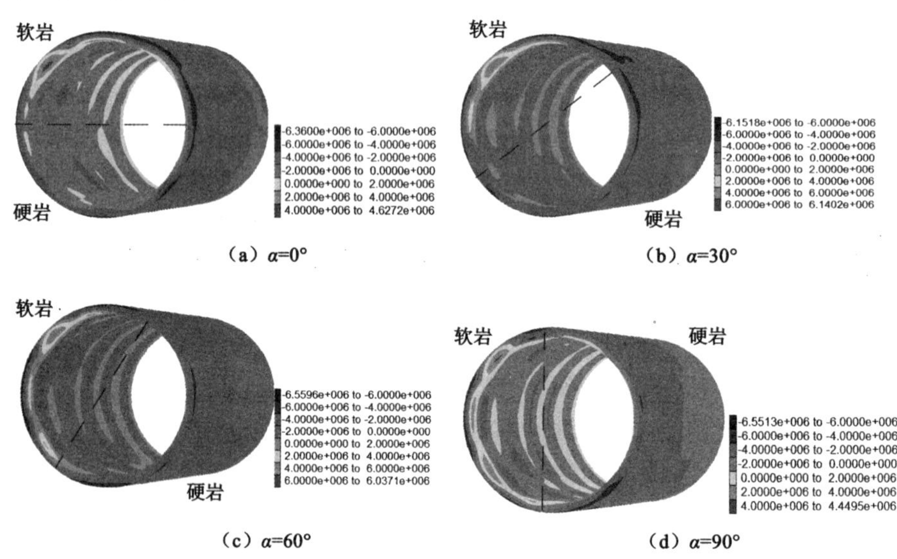

（a）α=0°　（b）α=30°

（c）α=60°　（d）α=90°

图 4-18　不同倾角时衬砌的最大主应力云图

4.3.2　侧压力系数对复合地层围岩变形以及支护作用的影响

深部 TBM 隧道沿线的侧压力系数往往会发生变化，侧压力系数影响围岩的卸荷变形行为与支护的荷载分布形式，本节研究侧压力系数对复合地层围岩变形以及支护作用的影响。侧压力压力系数 K 为最大水平应力与垂直应力的比值，模型所采用的侧压力参数如表 4-7 所示。模型采用的复合地层结构面平行于隧道轴线，地层倾角为 60°，TBM 施工参数同 4.1 节。

表 4-7　不同侧压力压力系数的模型参数

侧压力压力系数 K	水平应力 p_h/MPa	竖向应力 p_v/MPa
1	20	20.0
1.5	20	13.3
2	20	10
2.5	20	8

图 4-19 为不同侧压力系数时围岩的位移云图与最大主应力云图，由图可知围岩的位移和最大主应力分布受侧压力系数影响发生了较大变化。在 $K=1$ 时，洞周变形较为均匀，最有利于围岩稳定。随着侧压力系数的增大，洞周围岩的最大位移方向，由垂直于结构面的方向转变为水平方向，同时一定程度减少

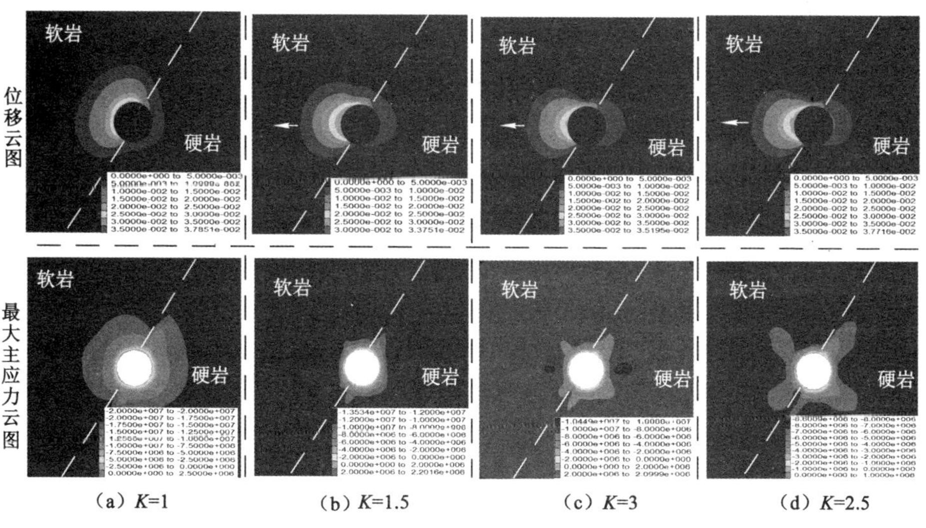

图 4-19　不同侧压力系数时围岩的位移云图与最大主应力云图

了拱顶的变形区，洞周围岩易损伤破坏的位置也随之改变。并且软岩与硬岩的变形区由 $K=1$ 时的连通状态变为分割状态，增加了软、硬岩的非协调变形，不利于围岩的稳定。

随着侧压力压力系数增大，洞周围岩的最大主应力分布区由规则的“葫芦形”分布，转变为不规则的菱形，且长轴沿结构面分布。应力较多集中于结构面处，增加了结构面的失稳风险。$K=1.5$ 时[图 4-19(b)]，围岩处于各向等压向水平应力占优势的过渡阶段，硬岩承载了更多的围岩卸荷压力，扩大了结构面处硬岩的应力区。随着侧压力系数增大(竖向荷载减小)，洞周的最大主应力方向向边墙偏转，使得左边墙软岩处的位移增大。所以在复合地层倾角为 60°的地层工况，随着侧压力系数的增加，加剧了深部复合地层的边墙软岩和结构面的失稳风险，需要及时对左边墙软岩和结构面进行加固处理。

图 4-20 所示为侧压力系数对洞周围岩位移与最大主应力的影响规律，图中数据来源于表 4-8 中掘进位置为 10 m 处。本节通过水平应力保持不变，减小竖向应力达到改变侧压力系数的目的。由位移曲线可知，随着侧压力系数的增大，拱顶和拱底的位移逐渐减小。由于复合地层的地层形式，左边墙和右边墙位移趋势不同。右边墙硬岩处的位移随着侧压力系数增大逐渐增大。左边墙软岩处的位移则随着侧压力系数增大呈现先减小后增大的趋势，位移在 $K=1.5$时达到最小值，在 $K=2.5$ 时达到最大值。

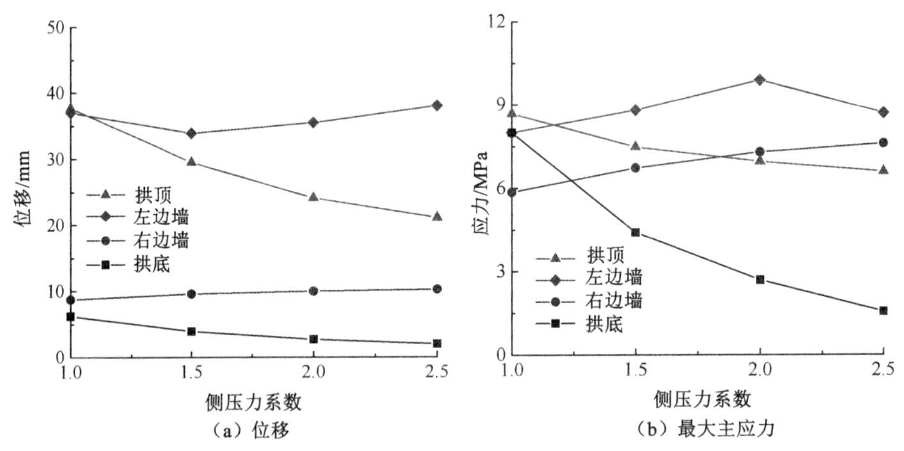

图 4-20　侧压力系数对洞周围岩位移与最大主应力的影响

由图 4-20 中应力曲线可知，拱顶和拱底受力均随侧压力系数增大而减小，右边墙随侧压力系数增大而增大，但左边墙呈现先增大后减小的趋势。说明在侧压力系数改变时，左边墙软岩处的变形受力演化趋势均具有较高的复杂性。

表 4-8 所示为不同侧压力系数时洞周围岩 LDP 曲线与最大主应力曲线，测点位置如图 4-4 所示。各侧压力系数的最大主应力曲线变化趋势在拱顶、拱底与右边墙与 LDP 曲线的趋势相同，相对来说较高的应力对应较高的位移。但在左边墙当 $K=1.5$ 时，测点有较小的位移，却有相对较大的应力。这是由于衬砌与围岩的间隙是非均匀的，拱顶间隙大于边墙，当侧压力系数增加后围岩边墙与衬砌的接触力要大于拱顶和拱底。同时右边墙为硬岩具有较好的支撑性，所以左边墙软岩在发生小变形后会有较大的接触压力。

表 4-8　不同侧压力系数时洞周围岩 LDP 曲线与最大主应力曲线

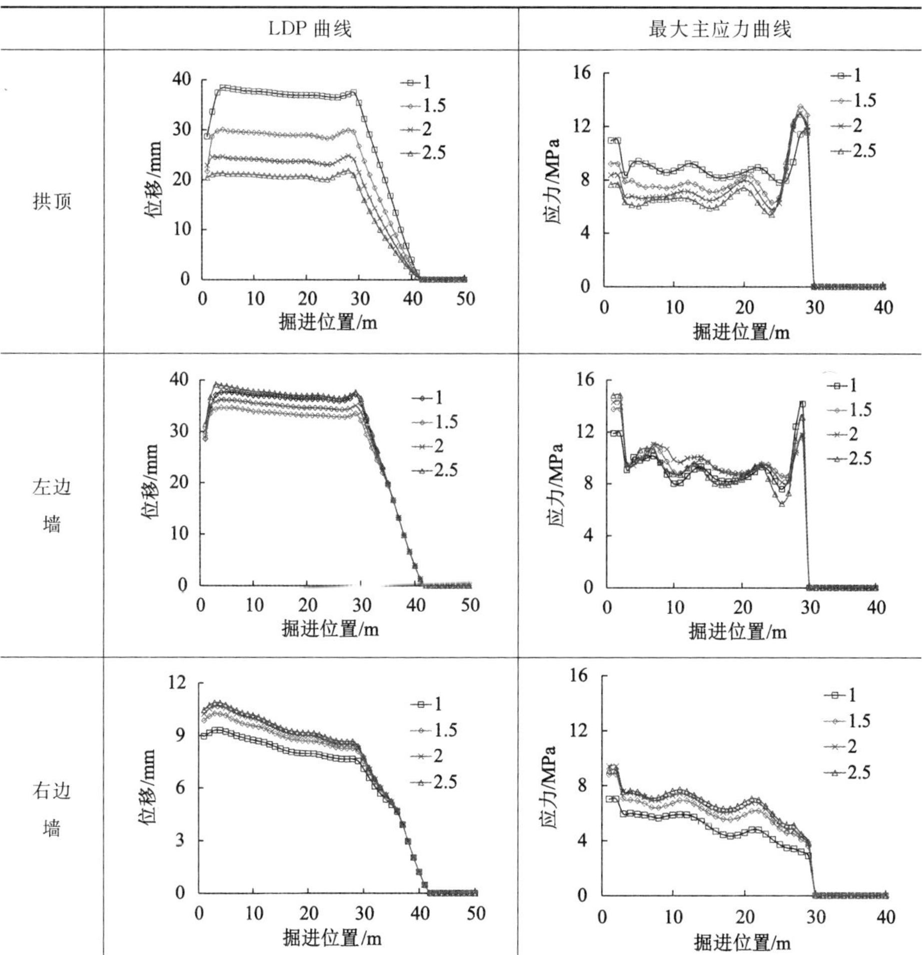

表 4-8(续)

	LDP 曲线	最大主应力曲线
拱底	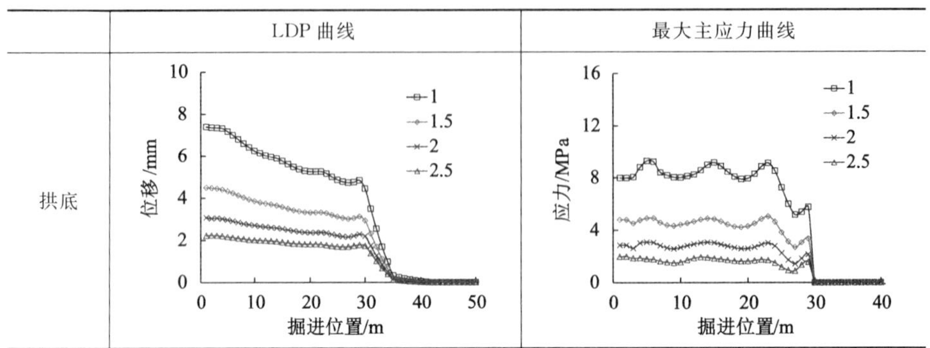	

图 4-21 为不同侧压力系数时衬砌的最大主应力云图，由图可见随着侧压力系数的增加，衬砌外侧边墙受压持续增大。当 $K>1.5$ 时，边墙可见明显的压应力集中区，由于软岩大变形使得软岩侧的压应力集中区更为显著。当 K 由 1 增加到 1.5 时，衬砌内侧的拉应力减小，这是由于围岩边墙处的压应力给衬砌的约束作用减小了衬砌边墙处的拉应力，一定程度优化了衬砌受力。随着侧压力系数的增加，衬砌的受拉破坏区方向也发生了改变，由垂直于结构面向拱顶偏转，衬砌拱顶内侧的拉应力进而增加。所以随着侧压力系数的变化，需要注意拉应力区偏转，加强该部位配筋设计和保证混凝土施工质量。

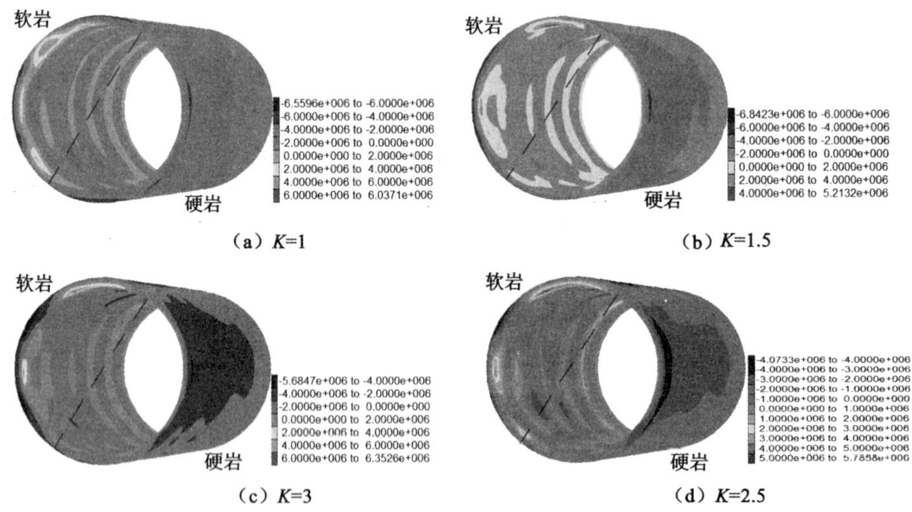

(a) K=1　(b) K=1.5

(c) K=3　(d) K=2.5

图 4-21　不同侧压力系数时衬砌的最大主应力云图

综上所述，随着侧压力系数的增大，洞周围岩的最大位移方向由垂直于结构面的方向转变为水平方向，增加了软、硬岩的非协调变形，加剧了复合地层的边墙软岩和结构面的失稳风险。同时衬砌的受拉破坏区方向也发生了改变，由垂直于结构面向拱顶偏转。

4.3.3　支护时机对复合地层围岩变形以及支护作用的影响

浅部隧道支护结构的围岩压力主要为围岩自重荷载[138]，而深部 TBM 隧道支护结构的围岩压力主要为围岩变形荷载[139-140]，该应力的分布模式与支护时机密切相关。支护时机的选择是 TBM 掘进中重要的施工参数，本节研究支护时机对围岩变形以及支护作用的影响规律，进而提出合理有效的支护时机参数，为 TBM 施工提供参考。本节支护时机参数设定为 5 组，分别为 t、$2t$、$5t$ 和 $10t$，通过控制围岩卸荷的荷载步实现，其中 $5t$ 为 4.1 节的施工参数，t 表示从开挖到支护的时间。复合地层结构面平行于隧道轴线，倾角为 60°。

图 4-22 所示为不同支护时机时围岩的位移云图与最大主应力云图，由位移云图可知支护施作得越早，围岩的变形区域越小。同时由于支护限制了软岩与硬岩的非协调变形，使得岩体的变形区域更加均匀，如图 4-22(a)所示，洞周的变形区几乎为圆形。随着支护时间的延后，上部软岩的变形区域沿着垂直结构面的方向持续增加，硬岩区的增加幅度较小。由最大主应力云图可知，随着支

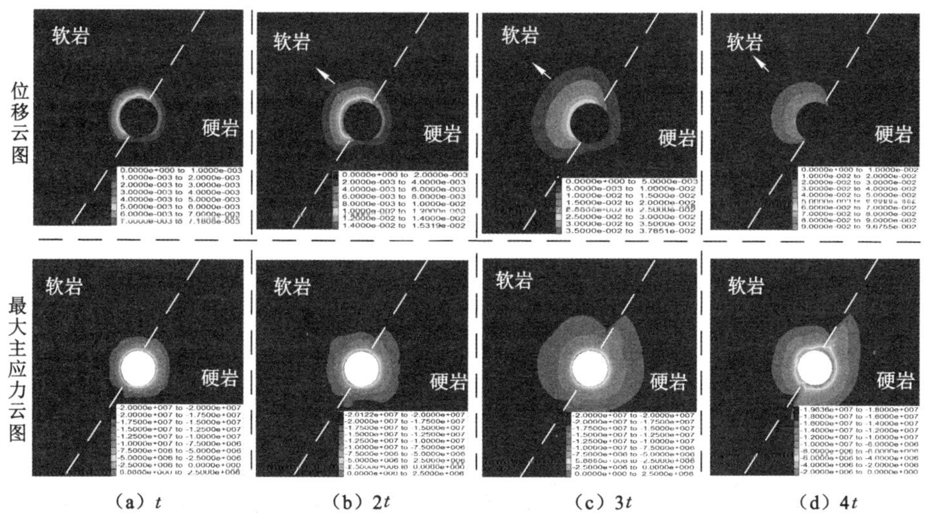

(a) t　(b) $2t$　(c) $3t$　(d) $4t$

图 4-22　不同支护时机时围岩的位移云图与最大主应力云图

护时机的延后，硬岩区的应力集中区面积增加的幅度大于软岩，尤其在结构面处。硬岩的应力范围远大于软岩，说明硬岩随着支护时间的增加承载了更多的岩体卸荷压力。

图 4-23 所示为支护时机对洞周围岩位移与最大主应力的影响规律，图中数据来源于表 4-9 中掘进位置为 10 m 处。由图 4-23 可知，支护时间越早，洞周围岩各部位的位移越小。软岩侧围岩（拱顶与左边墙）受到支护时机的影响更为敏感，其中左边墙软岩受到支护延后的影响更为显著。受力趋势则与位移趋势相反，支护时间越早，洞周围岩应力越大。

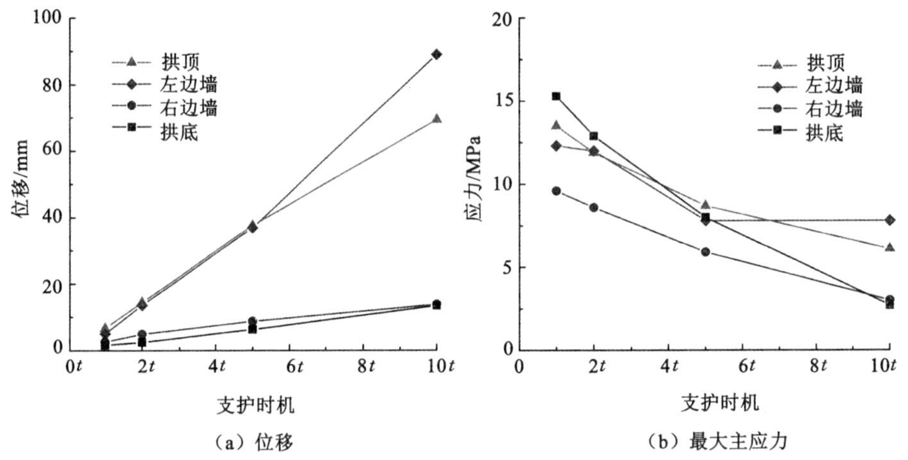

(a) 位移　　(b) 最大主应力

图 4-23　支护时机对洞周围岩位移与最大主应力的影响

表 4-9　不同支护时机时洞周围岩 LDP 曲线与最大主应力曲线

	LDP 曲线	最大主应力曲线
拱顶	位移/mm；掘进位置/m；t、2t、5t、10t	应力/MPa；掘进位置/m；t、2t、5t、10t

表 4-9(续)

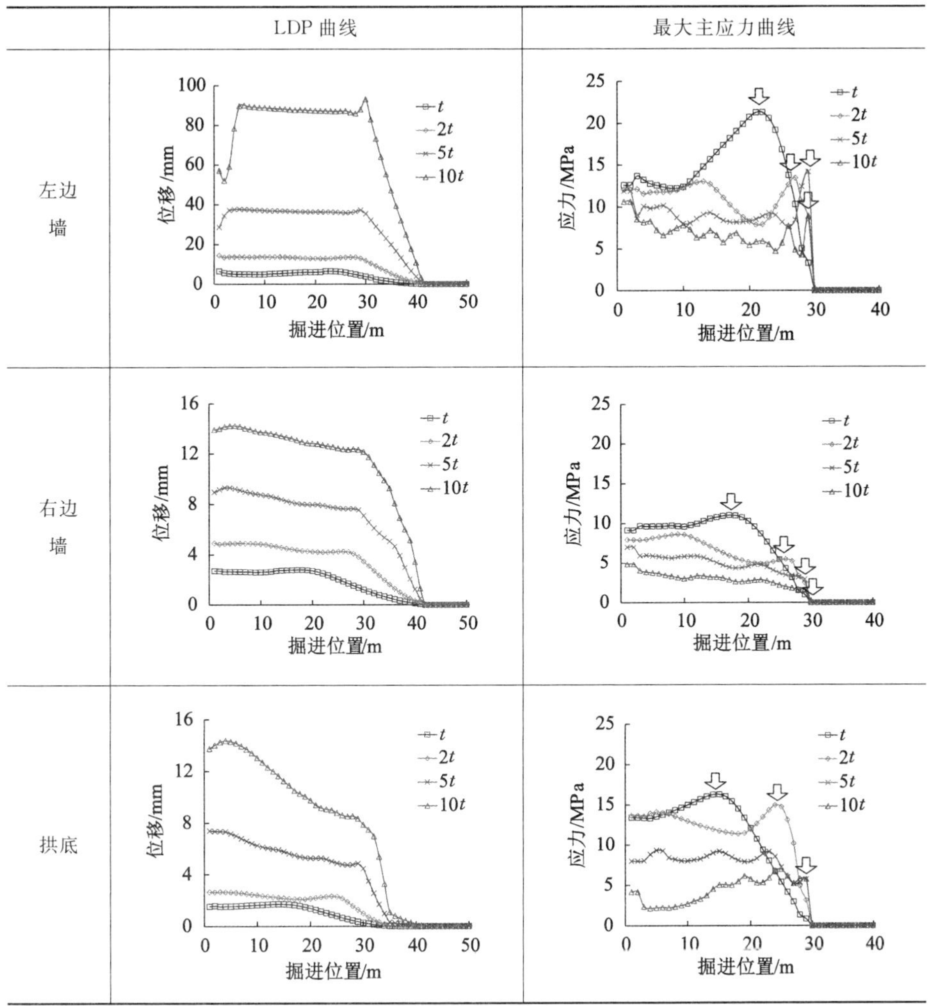

由表 4-9 可知，开挖引起的波峰到来顺序也有差异(图中以箭头指示)，支护时间越早，应力峰值往后偏移，峰值越大，这是由于围岩应力没有得到有效释放，围岩与支护系统的相互作用力较大。并且支护时间越早，峰后曲线的波动幅度越小(掘进位置 0～10 m)，说明支护的约束作用较强，削弱了部分围岩的应力波动。

图 4-24 所示为不同支护时机时衬砌的最大主应力云图，可见支护施作得越早，衬砌受力越大，并且受力越不均匀。不同支护时机下衬砌受力特征也有差

异，在 t 和 $2t$ 时，衬砌内壁（软岩侧）可见环状拉应力区，该部位衬砌混凝土容易受拉破坏。在 $10t$ 时，衬砌内侧无环状拉应力区，应力分布均匀，但在拱顶结构面处出现了拉应力区。

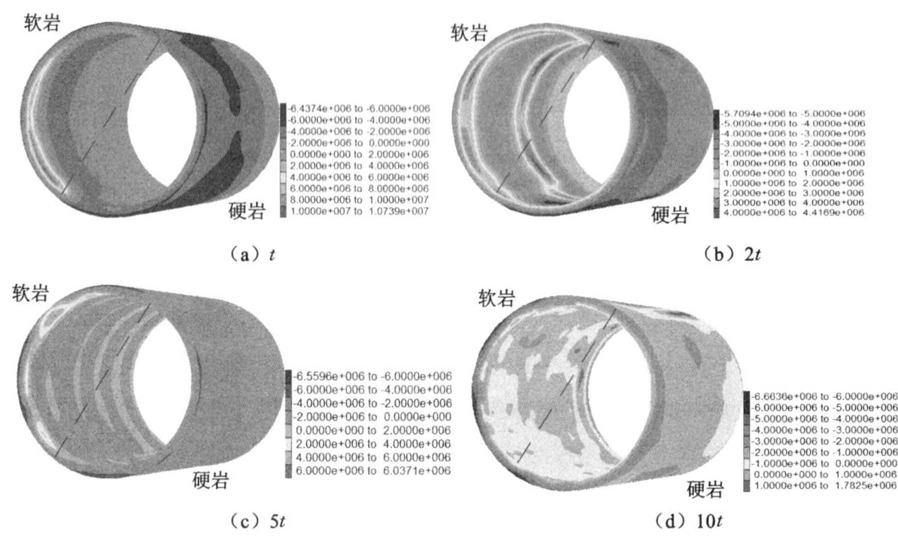

图 4-24　不同支护时机衬砌的最大主应力云图

在实际工程中，当在复合地层遭遇破碎带等需要及早支护的工况，建议加强衬砌在软岩接触区的加固；当遭遇高应力地层，需要延后支护以降低围岩压力时，建议加强衬砌在结构面处的加固。

4.4　深部复合地层 TBM 隧道支护作用机理讨论

表 4-10 为有无支护工况下模型试验与数值模拟位移云图对比，可知在 TBM 开挖卸荷工况下，多重支护施作对围岩变形与受力的影响作用规律，地层倾角均为 60°，复合地层走向平行于隧道轴线方向。

由模型试验可以得到，无支护时围岩的破裂演化从洞内侧沿着垂直结构面的方向向外扩展，洞周变形量大且变形集中，出现了不规则的围岩松动圈，软岩侧变形大于硬岩侧。在支护施作后，不仅降低了围岩变形量，同样增加了变形的均匀性，调动了更大范围的围岩进行承载。同时支护弱化了软岩和硬岩的相对强度以及结构面的影响，洞周围岩局部变形更加均匀，无明显的结构面滑移，提高了围岩的整体性以及软、硬岩变形的协调性。

表 4-10　有无支护工况下模型试验与数值模拟云图对比

	有支护	无支护
模型试验（位移云图）	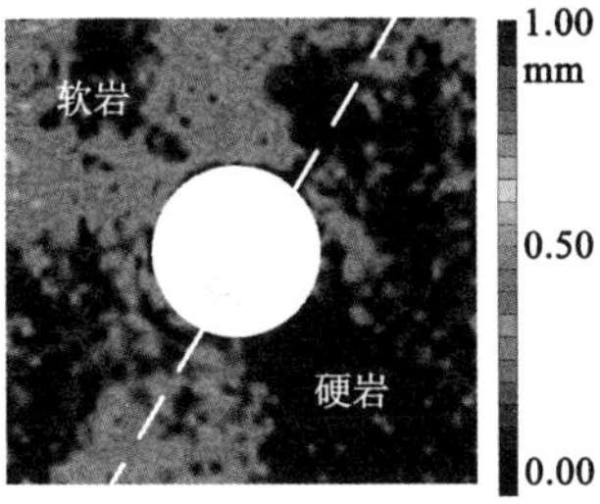	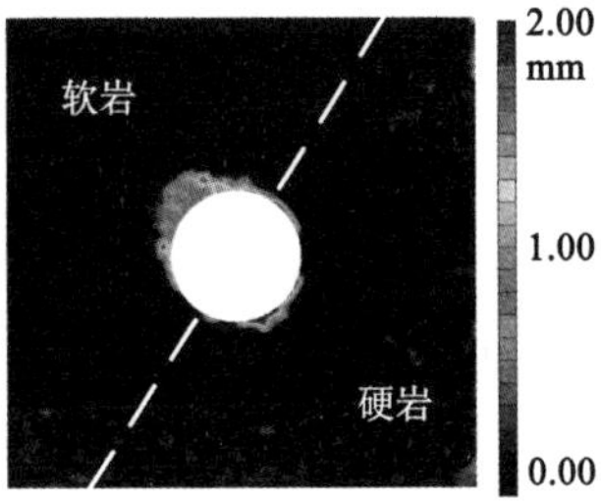
数值模拟（位移云图）	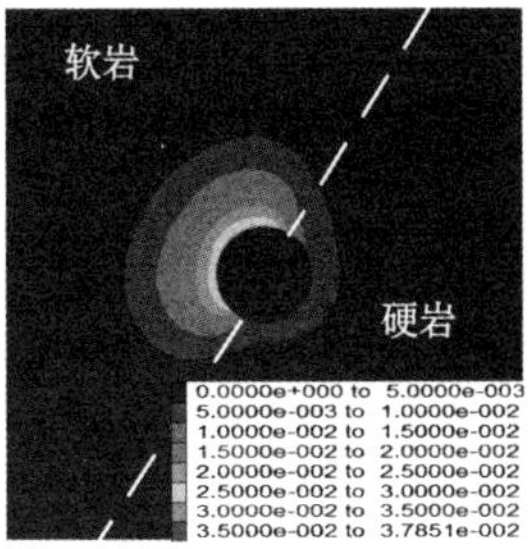	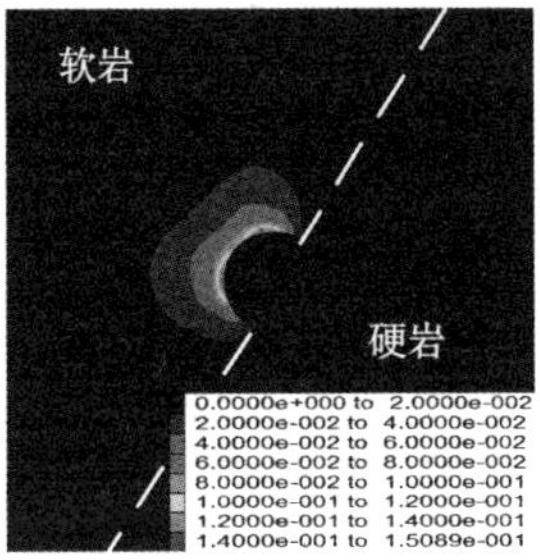
数值模拟（主应力云图）	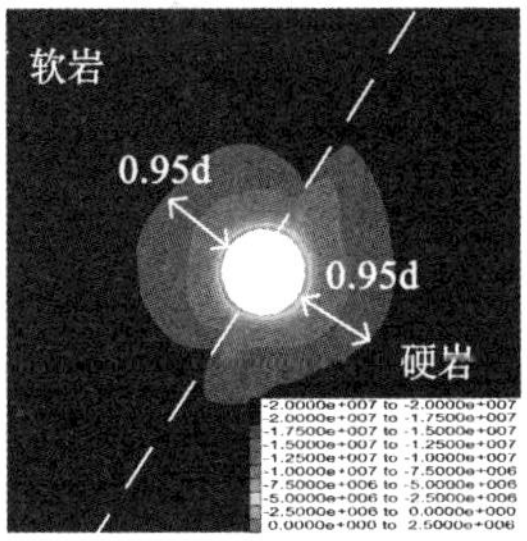	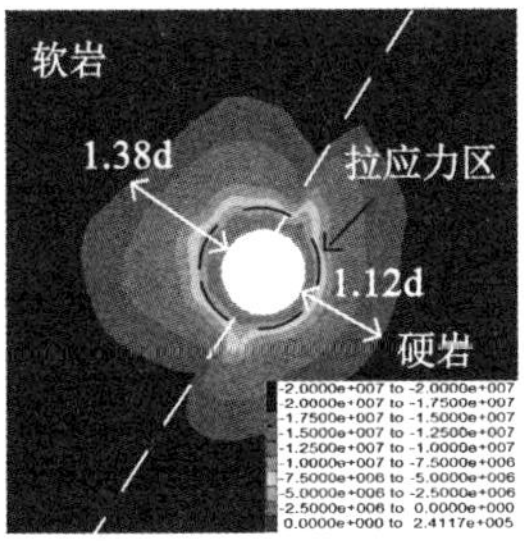

由数值模拟位移云图可知有支护组的变形区形状较为规则，围岩变形均匀，同时支护组的下部硬岩也出现了变形区，与上部的软岩变形区形成了一个整体。而无支护组的变形区只发生在上部软岩部分，并且无支护组的变形范围小于有支护组，但洞周变形量远大于有支护组。由主应力云图可知，复合地层结构面改变了围岩卸荷后的应力分布特征，最大主应力区沿着垂直结构面的方

向发展，同时硬岩对软岩起到了支撑作用，分担了卸荷应力。

基于模型试验和数值模拟分析结果，获得了深部复合地层 TBM 隧道支护作用机理。研究表明支护不仅降低了围岩变形量，更增加了变形均匀性，调动了更大范围的围岩进行承载；同时，支护提高了围岩的整体性以及软、硬岩变形的协调性，调动了围岩的自承载作用，尤其是硬岩对软岩的支撑作用，减小了软岩与结构面处的变形。

支护机理的阐释为围岩稳定控制指明了方向，为应对深部复合地层洞周围岩呈现非协调变形的特性，一方面需要对结构面施加抗剪支护，提高岩体的整体强度；另一方面需要加强软岩部分的支护强度，控制软岩大变形。其目的是让软岩与硬岩的变形协调，复合岩层与支护结构的变形协调。

4.5 本章小结

采用损伤软化本构模型和动态掘进与支护的数值模拟方法，较为真实地模拟了深部复合地层围岩与支护系统的相互作用过程。分析了 TBM 掘进与支护过程中的洞周围岩位移、应力以及塑性区的变化趋势，总结了围岩与支护结构相互作用的规律，揭示了不同工况下的支护作用机理，探究了复合地层倾角、侧压力系数以及支护时机对围岩和支护系统的影响作用规律，得到以下主要结论：

(1) 获得了复合地层走向平行于隧道轴线方向时的围岩与支护相互作用的规律。复合地层结构面改变了围岩卸荷后的应力分布特征，最大主应力区沿着垂直结构面的方向发展。同时硬岩对软岩起到支撑作用，分担了荷载。软、硬岩的分布对衬砌的局部受力产生影响，衬砌在软岩侧有局部的拉应力集中区，垂直于结构面的方向为拉应力最大值区。

(2) 获得了复合地层走向垂直于隧道轴线方向时的围岩与支护相互作用的规律。硬岩段具有较强的支撑作用，衬砌受力小，偏安全。在软岩段，开挖卸荷后容易出现大变形，需要加强衬砌的强度设计。尤其在结构面处围岩变形较大，应重点加强支护，避免该处发生管片错台和开裂的事故。

(3) 获得了复合岩体在加载与卸荷时的变形演化规律。在不同地层倾角下，复合岩体在加载与卸荷时呈现了不同的变形演化规律，主要区分在小角度时，在加载工况洞周软岩沿着结构面向外侧破裂，在卸荷工况洞周软岩则向垂直结构面的方向破裂。在大角度时，两者趋势一致，均沿着垂直结构面的方向损伤破裂。拉应力区分布于垂直结构面的衬砌软岩侧，是衬砌易破坏的部位。

(4) 获得了侧压力系数对围岩和支护系统的影响作用规律。随着侧压力系数的增大，洞周围岩的最大位移方向由垂直于结构面的方向转变为水平方向，增加了软、硬岩的非协调变形，加剧了复合地层的边墙软岩和结构面的失稳风险。同时衬砌的受拉破坏区方向也发生了改变，由垂直于结构面向拱顶偏转，该部位的衬砌混凝土容易受拉破坏，需要加强配筋设计和保证混凝土施工质量。

(5) 获得了支护时机对围岩和支护系统的影响作用规律。支护施作得越早，围岩的变形量和变形范围越小，但衬砌受力越大。同时限制了软岩与硬岩的非协调变形，使得岩体的变形区域更加均匀。不同支护时机下衬砌受力特征也有差异，当在复合地层遭遇破碎带等需要及早支护的工况，建议加强衬砌在软岩接触区的加固；当遭遇高应力地层，需要晚支护以降低围岩压力时，建议加强衬砌在结构面处的加固。

(6) 基于模型试验和数值模拟，揭示了深部复合地层TBM隧道支护作用机理。研究表明支护不仅降低了围岩变形量，更增加了变形均匀性，调动了更大范围的围岩进行承载；同时，支护提高了围岩的整体性以及软、硬岩变形的协调性，调动了围岩的自承载作用，尤其是硬岩对软岩的支撑作用，减小了软岩与结构面处的损伤区范围。

第 5 章　深部复合地层 TBM 隧道围岩稳定控制

前述章节通过岩石力学试验、物理相似模拟试验以及数值模拟研究揭示了深部复合地层 TBM 隧道支护作用机理，本章结合前述章节的研究结果，通过神经网络研究了复合岩层变形全过程和变形模式的实验预测方法，然后结合实际工程进一步提出以控制复合岩层非协调变形为核心的围岩稳定控制措施。

5.1　复合岩层变形模式的神经网络预测方法

围岩变形预测为隧道围岩稳定控制提供了重要的数据支撑，基于预测结果及时调整支护时机、支护方法和支护强度，确保 TBM 隧道支护结构安全。根据围岩变形的时空演化规律，灵活采用合适的开挖和支护方法，以控制围岩变形在基准值以下，保证围岩的长期稳定。隧道的围岩变形演化具有时空特征，是一个高度非线性的过程。围岩变形经历缓慢变形—急剧变形—变形趋缓—位移收敛的过程，深部复合地层洞周围岩的变形又呈现非均匀分布，软岩和硬岩存在非协调变形的特点，很难通过确定性的理论模型进行预测。同时，对于数据的解译十分依赖于研究人员的经验，很容易造成误判和漏判。

本节通过搭建神经网络，旨在利用神经网络强大的非线性拟合能力对复合岩层变形全过程和变形模式进行预测。数据来源于第 2 章复合岩层的试验图像，通过迭代训练得到预测模型，最后给出了预测结果。

5.1.1　BP 神经网络理论概述

神经网络是将具有适应性的单元进行网络连接，类似于大脑神经元的连接结构，对现实中的抽象事物进行描述的交互网络。BP 神经网络就是一种多层的前馈神经网络，其基本结构如图 5-1 所示。多层前馈神经网络是每层的神经元没有同层连接,也没有跨层连接。通过增加隐层数,多层前馈神经网络具有强大的非线性拟合能力,理论上可以以任意精度逼近任意复杂度的连续函数。

BP 算法是迄今为止应用最为成功的神经网络算法之一,在现实生产生活中具有普遍应用,比如信息处理、金融等领域,并在不断拓展。本章将 BP 神经网络应用到围岩变形模式的预测中,期待利用其强大的非线性拟合能力处理岩土工程的非线性以及不确定性问题。

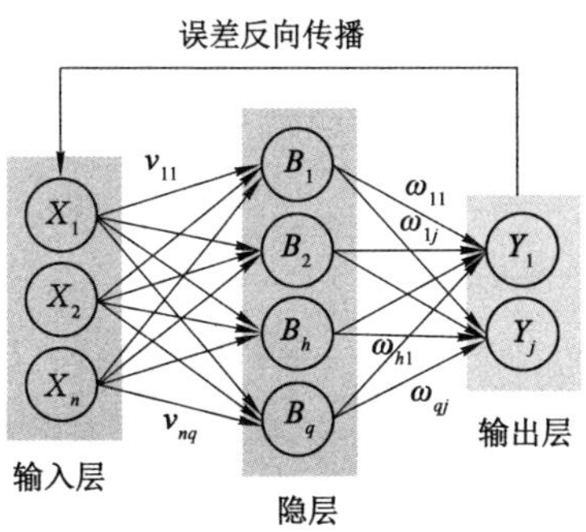

图 5-1　BP 神经网络结构示意图

5.1.2　算法设计

通过搭建 BP 神经网络,形成图 5-1 所示的 3 层结构,包括数据集$\{X_1 \sim X_n\}$、数据标签$\{Y_1 \sim Y_n\}$,隐层$\{B_1 \sim B_n\}$、权值层$\{\omega_1 \sim \omega_n\}$和$\{\nu_1 \sim \nu_n\}$。通过正向传播搭建数据结构和神经网络。数据信息在输入层和权值层间逐层传递,最后得到输出层,并计算得到预测误差。

模型通过反向传播动态的拟合模型,降低误差。反向传播是 BP 神经网络得以成功应用的关键。模型训练的目标就是不断降低误差,基于梯度下降,不断降低误差值,从而提高模型预测精度。梯度下降如公式(5-1)所示[141],式中预测误差为 E_k,学习率为 η,以目标的负梯度方向调整模型。通过 BP 神经网络的多次训练迭代,一步步降低预测误差,直至计算收敛,得到训练后的神经网络。

$$\Delta \omega_{1j} = -\eta \frac{\partial E_k}{\partial \omega_{hj}} \tag{5-1}$$

图 5-2 为复合岩层变形模式预测流程图,数据来源于第 2 章复合岩层的试验全过程图像,然后经过数字散斑量测得到变形全过程的位移矢量数据库,数据库包括变形全过程的数据。为了识别复合地层变形全过程的特征,首先从位

移矢量数据库中随机抽提数据作为数据集{$X_1 \sim X_n$}。继续从数据集{$X_1 \sim X_n$}中随机抽提数据作为测试集用于测试模型准确度，余下数据作为训练集训练模型。在训练集中收取部分作为验证集，用来调整模型参数。将位移矢量数据集导入神经网络进行训练，通过梯度下降降低误差。表 5-1 为数据集情况表，数据集总计 120 组数据，每组数据实际为一幅位移矢量图。根据复合地层倾角划分 4 类，分别为 0°、30°、60°和 90°，每个倾角对应一种破坏模式。

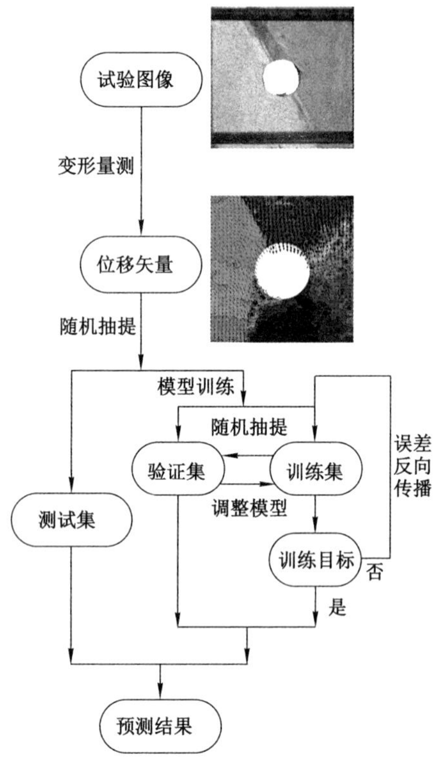

图 5-2　复合岩层变形模式预测流程图

表 5-1　数据集情况表

类别	倾角/(°)				总计/组
	0	30	60	90	
训练集/组	20	20	20	20	80
测试集/组	10	10	10	10	40
合计/组	30	30	30	30	120

5.1.3　预测结果分析

图 5-3 所示为模型训练性能曲线，图中训练集、验证集和测试集的数据来源没有重叠。训练集的作用是训练数据拟合模型，从而建立神经网络；验证集是为在拟合模型的过程中不断调整参数使得模型误差率更低。验证集与训练集同属于建模阶段。最后使用测试集的数据，对训练完成的模型进行测试。通过图 5-3 所示曲线可知在训练初期存在误差，经过梯度下降与迭代计算，模型的误差值不断减小。图中标记了训练的误差目标为 0.001，训练结束后模型误差值低于设计误差。

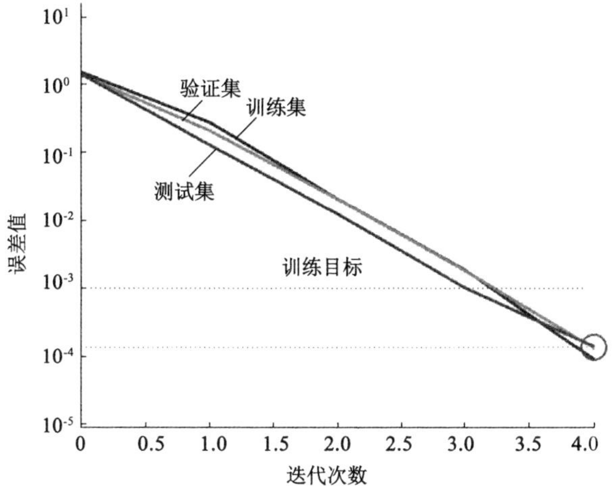

图 5-3　模型训练性能曲线

图 5-4 为模型训练时的梯度下降状态曲线，由图可见梯度下降的趋势在 3 轮迭代内呈现斜率增加的趋势，说明模型的误差值持续降低；在 3～4 轮迭代间趋缓，梯度下降的计算接近收敛。

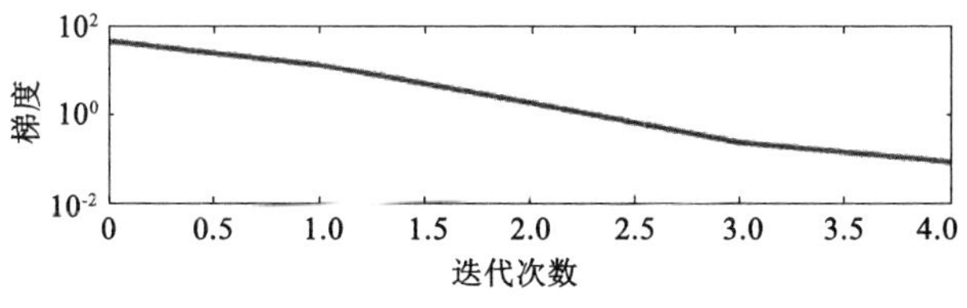

图 5-4　梯度下降曲线

图 5-5 所示为将预测结果归一化后的回归曲线，可见预测值与真实值的相关性。预测结果因数据标签分为 4 类，数据呈现聚类分布，距离 45°对角线较近，说明预测值接近真实值。

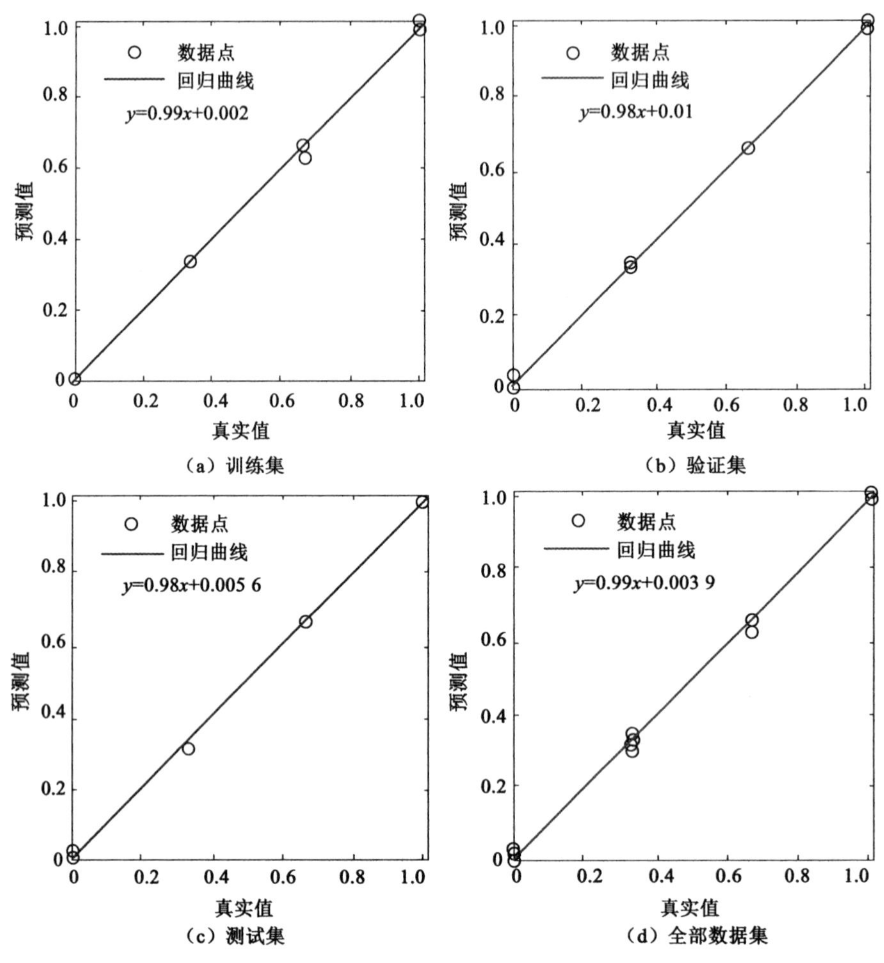

图 5-5 预测结果归一化回归曲线

图 5-6 所示为复合岩层变形模式预测结果，图中预测值与真实值较为接近($R^2=0.996$)，说明训练的 BP 神经网络具有较好的预测围岩变形模式的能力。误差主要出现在 0°与 30°的测试集，小角度围岩变形模式较为相似，对模式识别有一定的影响。

得到预测结果后，对应前述章节的结论可知：深部复合岩体呈现非协调变形的特点，当复合岩体处于小角度(0°和 30°)时，在加载工况洞周软岩沿着结构面向外破裂，在卸荷工况洞周软岩向垂直结构面的方向破裂，工程中表现为软岩挤压大变形；在大角度(60°和 90°)时，均沿着垂直结构面的方向损伤破裂，峰后硬岩受到更为严重的破坏，工程中表现为深部高地应力隧道的岩爆灾害。

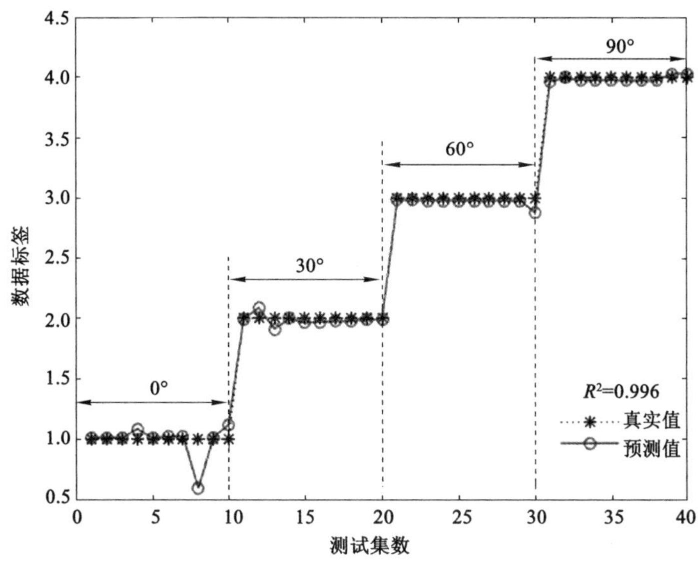

图 5-6　复合岩层变形模式预测结果

5.2　深部复合地层非协调变形控制方法

由于软岩和硬岩强度的差异，深部复合地层洞周围岩挤压变形呈现非协调变形的特点，极易引起隧道工程的失稳破坏。本节基于前述章节的研究结果，提出应对深部复合地层非协调挤压变形的控制措施，为深部复合地层 TBM 隧道支护设计提供借鉴。

5.2.1　工程地质背景

如图 5-7 所示，ABH 工程总长 41.823 km，除进口段外约 32 km 全部采用 TBM 工法，由两台 TBM 相向施工。TBM 工段岩石单轴抗压强度为 30～180 MPa，其中 53％为Ⅲ类围岩，29％为Ⅳ类和Ⅴ类围岩。隧洞工程区围岩赋存了高地应力，穿越山脉受构造运动的影响较大。TBM 掘进过程中将会遭遇软岩大变形、断层破碎带、岩爆、高地温等复杂工程地质难题。其中软弱围岩和断层破碎带造成的大变形可能带来掌子面和洞周围岩塌方、TBM 卡机、支护困难等问题，硬岩段则可能出现强岩爆风险，威胁人员、设备安全。

根据地质资料分析，TBM 工段约有 10 个断层破碎带和不整合接触带，构成了软硬不均的复合地层，其中长 400 m 的 F7 大断层情况最为严重，每个 TBM 标段的断层破碎带累计洞段长度大约在 2.5 km 左右，断层破碎带数量多、长度大、破碎严重。由于 TBM 掘进洞段埋深大，断层破碎带容易引起塌方、大变形，存在重大施工安全风险。软弱围岩大变形段长度约 7 km，围岩相对位移（径向最大变形相对于隧洞半径）可达 2.5%～5.0%。而且断层破碎带、不整合接触带、蚀变带更加剧了变形，约 2.5 km 洞段同时存在上述情况，预计相对位移可达 10%以上。

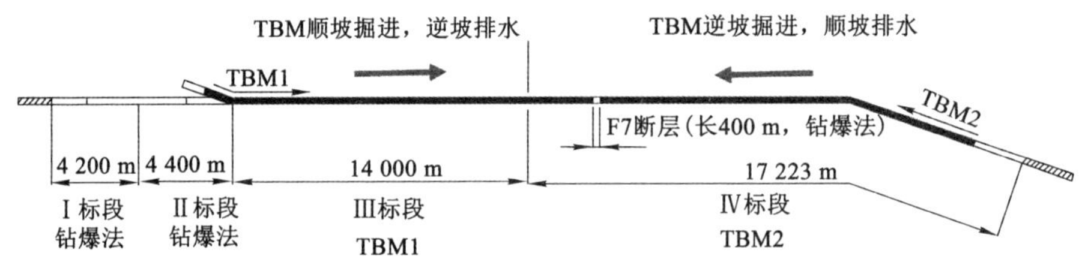

图 5-7　ABH 工程标段划分

5.2.2　复合地层非协调变形控制研究

为应对深部复合地层洞周围岩呈现非协调变形的特点，一方面需要对结构面施加抗剪支护，利用锚杆的抗剪能力，控制结构面滑移，提高岩体的整体强度；另一方面需要加强软岩部分的支护强度，控制软岩大变形。既有研究表明[142-143]，衬砌与锚杆的联合支护有助于降低深部层状围岩隧道衬砌的偏压，起到提高围岩抗剪作用的效果。图 5-8 为衬砌与锚杆联合支护的施工现场图。采用“锚杆＋衬砌”支护形式能够较好地应对围岩条件变化[144-145]，尤其在不良地质段支护有特有的优势。对于软、硬复合地层，由于挤压大变形出现在软岩处，硬岩自稳性较好，所以锚杆应非均匀布设。基于以上的非协调变形控制思路，支护施作的目的是让软岩与硬岩的变形协调，复合岩层与支护结构的变形协调。本书提出了“衬砌＋非均匀抗剪锚杆”的联合支护方案，并通过数值模拟研究了“衬砌＋非均匀抗剪锚杆”联合支护对复合地层非协调变形的控制作用。

计算模型复合地层倾角为 60°，模型共两组，分别采用“衬砌＋非均匀抗剪

(a) 施工中

(b) 施工后

图 5-8　衬砌与锚杆联合支护施工现场[107]

锚杆"联合支护和衬砌支护两种支护形式。水平和垂直地应力均为 20 MPa，复合岩体基本物理力学参数见表 5-2，锚杆模型参数见表 5-3。通过水泥浆将锚杆与围岩进行连接，软岩侧容易发生挤压变形，锚杆设计加密，排距设计为1.3 m。由第 4 章数值模拟结果可知硬岩侧支护结构偏安全，考虑施工经济性，锚杆排距可以适当稀疏，排距设计为 4.9 m。

表 5-2　复合岩体基本物理力学参数

岩性	容重/(kg/m^3)	弹性模量/GPa	泊松比	黏聚力/MPa	内摩擦角/(°)	单轴抗压强度/MPa	抗拉强度/MPa
软岩(糜棱岩破碎带)	2 650	3.826	0.308	2.73	22.8	12.7	0
硬岩(粉砂岩)	2 800	78.3	0.3	17.8	39	113.2	9.2

表 5-3　锚杆模型参数

锚杆					水泥浆	
长度/m	面积/m^2	弹性模量/Pa	抗拉强度/N	预紧力/kN	水泥浆刚度/Pa	单位长度黏结力/(N/m)
3.5	3.80×10^{-4}	200×10^{9}	30×10^{4}	40	6×10^{6}	5×10^{5}

如图 5-9(a)所示，将支护结构设计为"衬砌+非均匀抗剪锚杆"的联合结构，并在结构面处设计有 X 形结构面抗剪锚杆，将软岩卸荷变形产生的剪应力传递到下部硬岩，控制结构面处的岩体剪切滑移，进而降低复合岩体的非协调变形。从图中可见大部分锚杆受到岩体卸荷产生的拉应力，部分抗剪锚杆出现

了压应力，这是由于锚杆调动了复合岩体的抗压强度以抵抗结构面的剪应力。

由图 5-9 支护结构最大主应力云图可知，在联合支护工况下，衬砌受力均匀，应力集中现象较少。在只采用衬砌支护的工况，软岩挤压变形对衬砌产生了局部挤压力，造成偏压。在联合支护下，衬砌内侧最大拉应力远小于衬砌支护组，拉应力区是衬砌易破裂的部位。所以在深部挤压的复合地层中，联合支护下衬砌相对安全。而且锚固作用改善了衬砌的局部受力状态，降低了偏压。

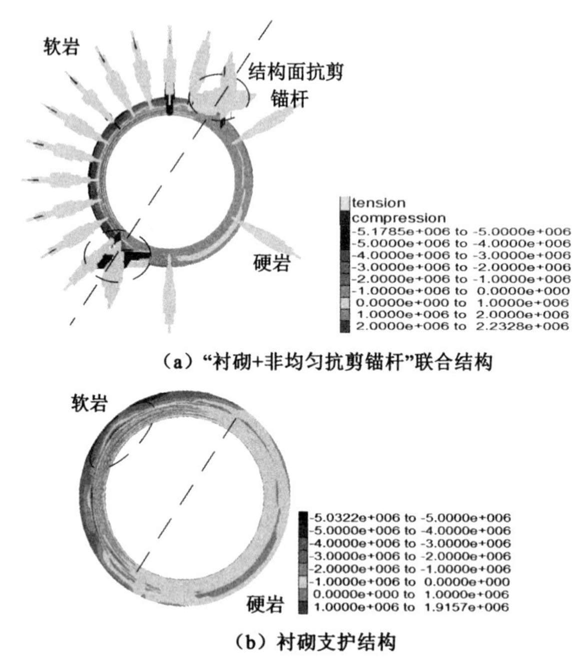

（a）“衬砌+非均匀抗剪锚杆”联合结构

（b）衬砌支护结构

图 5-9　支护结构最大主应力对比图

由图 5-10(a)与 5-10(b)联合支护与衬砌支护位移切片云图可知，联合支护与衬砌支护相比，洞周的变形量小且较为均匀，说明锚杆施作改善了围岩与衬砌的受力，使得围岩与支护体系的变形更加均匀和协调。在衬砌支护下，软岩侧的变形有沿着结构面拓展的趋势，联合支护的抗剪锚杆控制了结构面滑移[图 5-10(c)]，在下部抗剪锚杆中出现了压应力。结构面处锚杆调动了软岩的抗压强度，以抵抗结构面剪切滑移。图中显示为整个模型，包含未开挖围岩，由于视角的原因，隧道没有为空。

图 5-11 为两种支护形式下的洞周围岩 LDP 曲线对比图，图中 40 m 处为当

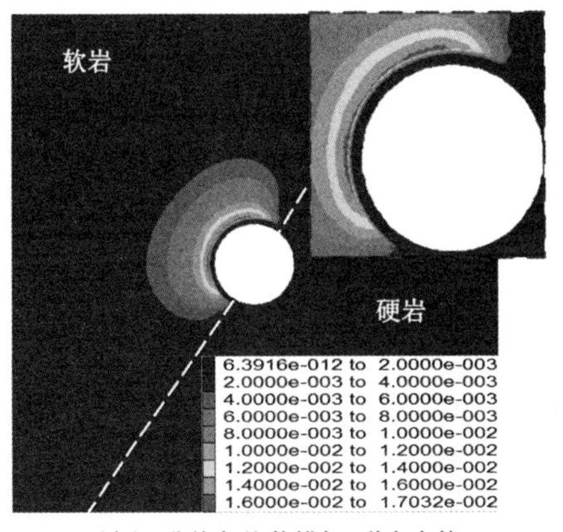

(a) “衬砌+非均匀抗剪锚杆”联合支护

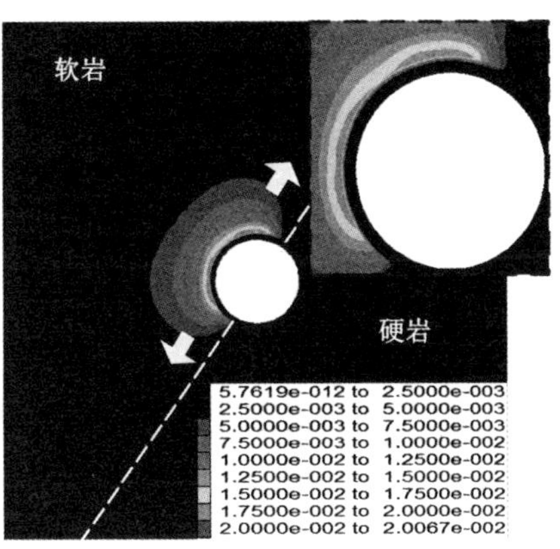

(b) 衬砌支护

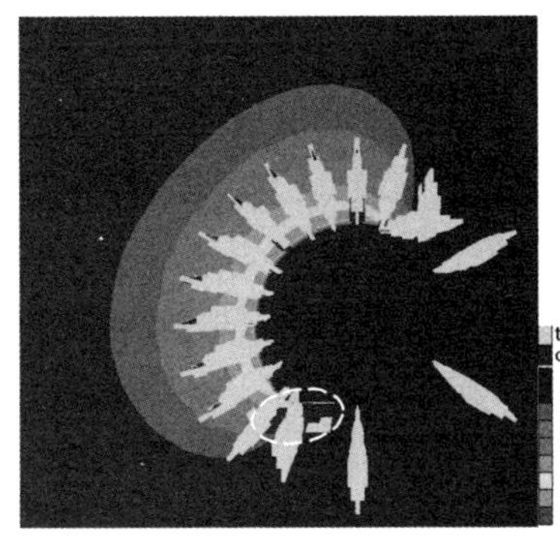

(c) 联合支护结构面抗剪作用

图 5-10　联合支护与衬砌支护位移云图

前的掌子面位置，0～40 m 处为已掘进的区段，其中 28～40 m 为 TBM 机身所在的区段，0～28 m 为已支护的区段。由图可知上部软岩(拱顶与左边墙)受到锚杆支护作用较为敏感，拱顶施加锚杆后洞周围岩的收敛位移减小了 11.5%，左边墙施加锚杆后洞周围岩的收敛位移减小了 10.3%。锚固作用对右侧硬岩影响较小，右边墙处两种支护形式的应力曲线几乎重合，在拱底处收敛位移减小了 4.3%。由洞周最大主应力曲线(图 5-12)可知，施加联合支护后软岩侧(拱顶和左边墙处)洞周围岩应力显著降低。同时软岩在联合支护下的洞周围岩应力波动较小，这是由于锚杆改善了锚固岩体的受力状态，提高了上部软岩的整体性。硬岩自稳性较好，锚固作用对其的影响较小。

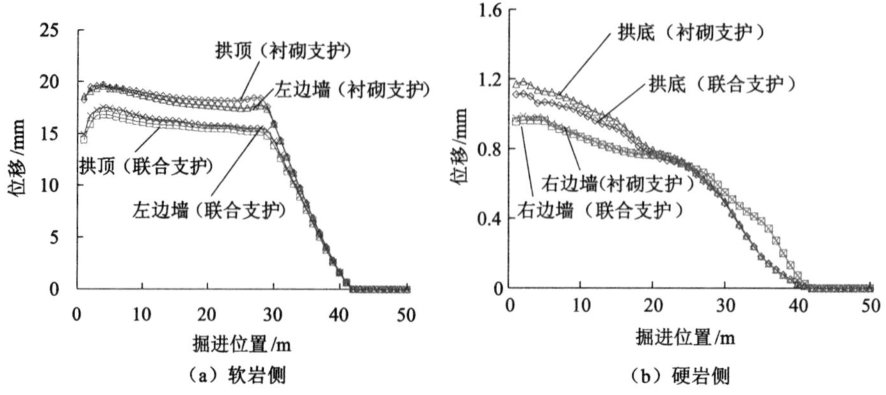

（a）软岩侧　（b）硬岩侧

图 5-11　联合支护与衬砌支护洞周围岩 LDP 曲线对比

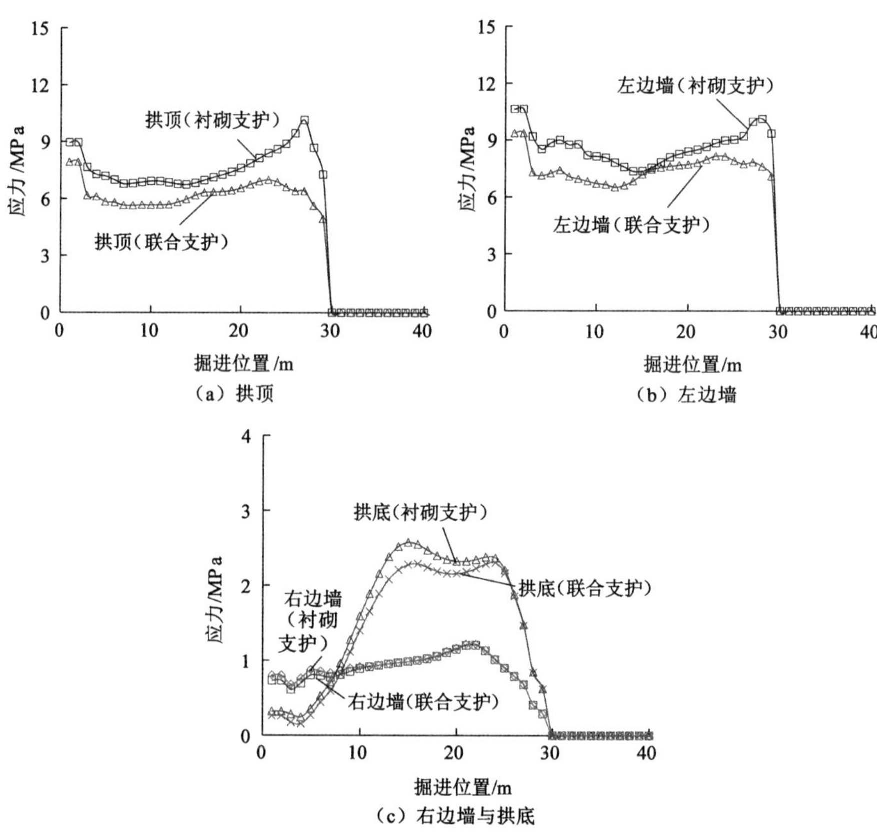

（a）拱顶　（b）左边墙

（c）右边墙与拱底

图 5-12　联合支护与衬砌支护洞周围岩最大主应力曲线对比

综上所述，在复合地层的“衬砌＋非均匀抗剪锚杆”联合支护中，锚杆对软岩和结构面发挥了较大作用，控制了结构面处的岩体剪切滑移，进而减轻了复合岩体的非协调变形，并且改善了上部软岩的受力状态，提高了软岩的整体性。锚杆对硬岩的影响较小。联合支护改善了衬砌的局部受力状态，降低了偏压，使得衬砌相对安全。考虑施工经济性，该联合支护工法适用于 TBM 隧道穿越断层破碎带、深部软岩地层的工况，在特定的工段灵活施作，以保障支护结构安全。

5.3　本章小结

本章利用神经网络强大的非线性拟合能力对复合岩层变形全过程和变形模式进行了有效预测。基于前述章节的研究结果，为控制深部复合地层的非协调变形，提出了“衬砌＋非均匀抗剪锚杆”的联合支护方案，并通过数值模拟进行验证，得到的主要结论如下：

（1）运用神经网络强大的非线性拟合能力对复合岩层变形全过程和变形模式进行有效预测，预测值与真实值较为接近（$R^2=0.996$），说明训练的神经网络具有较好的预测围岩变形模式的能力。

（2）为应对深部复合地层洞周围岩呈现非协调变形的特点，一方面需要对结构面施加抗剪支护，利用锚杆的抗剪能力，控制结构面滑移，提高岩体的整体强度；另一方面需要加强软岩部分的支护强度，控制软岩大变形。为控制深部复合地层的非协调变形，提出了“衬砌＋非均匀抗剪锚杆”的联合支护方案，为深部复合地层 TBM 隧道支护设计提供参考。

（3）通过数值模拟方法研究了“衬砌＋非均匀抗剪锚杆”联合支护对复合地层非协调变形的控制作用。研究结果表明，在联合支护中，锚杆对软岩和结构面发挥了较大的控制作用，抑制了结构面处的岩体剪切滑移，进而减轻了复合岩体的非协调变形，并且改善了上部软岩的受力状态，提高了软岩的整体性。联合支护改善了衬砌的局部受力状态，降低了偏压，使得衬砌相对安全。

第6章 结论与展望

6.1 主要结论

本书依托国家“973”项目课题“深部复合地层围岩与 TBM 的相互作用机理及安全控制(2014CB046905)”,以深部复合地层 TBM 隧道为工程背景,通过岩土变形计算机视觉量测系统、声发射监测系统、应变量测系统,结合自主研制的中小型电机双轴加载隧道相似模拟试验系统,运用室内试验、数值模拟、理论分析以及智能算法相结合的方法,对深部复合地层 TBM 隧道围岩破裂演化特征、支护作用机理以及围岩稳定性预测与控制进行了系统研究,得到的主要研究成果如下:

(1) 深部复合岩层的力学、声发射特征以及变形演化特征的影响规律

① 获得了复合岩层在有侧限单轴压缩条件下的声发射特征、强度参数以及破裂损伤随岩层倾角的变化规律。随着地层倾角的增加,声发射特征以由软岩为主的延性特征转变为以硬岩为主的脆性特征,声发射事件峰值的位置与复合岩层倾角密切相关。复合岩层的强度和弹性模量都随着倾角的增加,呈现先减小后增加的趋势,同时复合岩层强度的各向异性程度大于变形的各向异性程度。

② 获得了复合岩层在不同倾角情况下的变形破裂演化特征。当复合岩层倾角为小角度时,结构面控制了岩体的变形,变形主要发生于洞周的结构面处,并在软岩中扩展,实际工程中表现为软岩挤压大变形。V 形切口破坏由洞内沿着结构面向外侧扩展,岩体发生了渐进式的剥落。当复合岩层倾角为大角度时,软岩和硬岩共同承载了围岩压力,同时硬岩对软岩有支撑作用。V 形切口破坏由洞内沿垂直结构面的方向扩展,峰后硬岩受到更为严重的破坏,实际工

程中表现为深部高地应力隧道的岩爆灾害。

③ 获得了复合岩层非协调变形与损伤演化的关系，并结合数值模拟分析了倾角对复合岩层的损伤演化类型和分形维数的影响规律。复合岩层中软、硬岩的非协调变形控制了岩体的损伤破坏演化过程，可以从控制岩体的非协调变形角度进行支护系统设计，进而控制复合岩体的稳定性。通过数值模拟得到的岩体破裂模式与室内试验较为相似，统计损伤破坏类型可知，岩层倾角增大增加了剪切损伤，限制了拉伸损伤。损伤裂纹的分形维数随着倾角的增大，呈现先增加后减小的趋势，在倾角为 60°时达到最大值，表明其具有最复杂的损伤裂纹形式。

(2) 深部复合地层 TBM 隧道支护作用规律

① 自主研制了中小型电机双轴加载隧道相似物理模拟试验系统。该试验系统由加载试验机、隧道模型箱和支护模拟装置组成。其中，加载试验机采用伺服电机作为动力源，共有 3 个可独立工作的主动加载点，可实现单轴单、双向及双轴加载功能，能较好地模拟深部隧道工程复杂的受力环境；配套研制的横、纵断面隧道模型箱以及衬砌与豆砾石充填灌浆的多重支护结构，为模型试验提供了条件支撑。

② 获得了复合地层走向平行于隧道轴线方向时的支护作用规律。无支护围岩的破裂演化从洞内侧沿着垂直结构面的方向向外扩展，硬岩分担了围岩压力，对整个复合岩体起到支撑作用，使得衬砌的硬岩侧受力小于软岩侧。支护不仅降低了围岩变形量，更增加了变形的均匀性，调动了更大范围的围岩进行承载。超载阶段有无支护工况下围岩破坏模式有较大差异，支护弱化了软岩和硬岩的相对强度以及结构面的影响，提高了围岩的整体性以及软岩和硬岩变形的协调性。

③ 获得了复合地层走向垂直于隧道轴线方向时的支护作用规律。在掘进过程中围岩变形较多集中于洞周的结构面处，并沿着结构面的方向向拱顶和拱底两侧扩展。支护施作削弱了结构面的影响，在隧道拱顶结构面处未见无支护时的变形不协调现象。在卸荷阶段软岩段对支护作用的影响更为敏感，在超载阶段硬岩具有更好的支撑作用，使得硬岩段的衬砌受力远小于软岩段。

(3) 深部复合地层 TBM 隧道支护作用机理以及支护系统的影响因素分析

① 获得了不同工况下复合地层 TBM 隧道支护作用机制。在复合地层结构面走向垂直于隧道轴线的工况下，支护施作后，围岩具有更广的变形区范围和较小的变形量，具有较小的剪应变率梯度和面积较大的剪应变率分布。支护

提高了围岩的整体性以及软、硬岩变形的协调性，调动了围岩的自承载作用，减小了软岩与结构面处的损伤区范围。在复合地层结构面走向垂直于隧道轴线的工况下，在硬岩段，衬砌受力小偏安全；在软岩段和尤其是结构面处，开挖卸荷后容易出现大变形，需要加强支护。

② 获得了复合岩体在加载与卸荷时的变形演化规律。在不同地层倾角下，复合岩体在加载与卸荷时呈现了不同的变形演化规律，主要区分在小角度时，在加载工况洞周软岩沿着结构面向外侧破裂，在卸荷工况洞周软岩则向垂直结构面的方向破裂；在大角度时，两者趋势一致，均沿着垂直结构面的方向损伤破裂。拉应力区分布于垂直结构面的衬砌软岩侧，是衬砌易破坏的部位。

③ 获得了侧压力系数和支护时机对围岩和支护系统的影响作用规律。随着侧压力系数的增大，洞周围岩的最大位移方向由垂直于结构面的方向转变为水平方向，增加了软、硬岩的非协调变形，加剧了复合地层边墙软岩和结构面的失稳风险。同时衬砌的受拉破坏区方向发生了改变，由垂直于结构面向拱顶偏转。支护施作得越早，围岩的变形量和变形范围越小，岩体的变形区域更加均匀，但衬砌受力越大。当在复合地层遭遇破碎带等需要及早支护的工况，建议加强衬砌在软岩接触区的加固；当遭遇高应力地层，需要晚支护以降低围岩压力时，建议加强衬砌在结构面处的加固。

④ 基于模型试验和数值模拟，揭示了深部复合地层 TBM 隧道支护作用机理。研究表明支护不仅降低了围岩变形量，更增加了变形均匀性，调动了更大范围的围岩进行承载；同时，支护提高了围岩的整体性以及软、硬岩变形的协调性，调动了围岩的自承载作用，尤其是硬岩对软岩的支撑作用，减小了软岩与结构面处的损伤区范围。

(4) 深部复合地层 TBM 隧道围岩稳定控制

① 采用神经网络建立了复合岩层变形全过程和破裂模式的实验预测方法，神经网络的预测值与真实值较为接近，说明训练的神经网络具有较好的预测围岩变形模式的能力。

② 提出了基于“衬砌＋非均匀抗剪锚杆”联合支护的复合岩层非协调变形控制方法。为应对深部复合地层洞周围岩呈现非协调变形的特点，一方面需要对结构面施加抗剪支护，利用锚杆的抗剪能力，控制结构面滑移，提高岩体的整体强度；另一方面需要加强软岩部分的支护强度，控制软岩大变形。联合支护的目的是让软岩与硬岩的变形协调，复合岩层与支护结构的变形协调。为控制深部复合地层的非协调变形，提出了“衬砌＋非均匀抗剪锚杆”的联合支护方

案，为深部复合地层 TBM 隧道支护设计提供参考。

③ 通过数值模拟方法研究了“衬砌＋非均匀抗剪锚杆”联合支护方案对复合地层非协调变形的控制作用。研究结果表明，在联合支护中，锚杆对软岩和结构面发挥了较大的控制作用，抑制了结构面处的岩体剪切滑移，进而降低了复合岩体的非协调变形，并且改善了上部软岩的受力状态，提高了软岩的整体性。联合支护改善了衬砌的局部受力状态，降低了偏压，使得衬砌相对安全。

6.2 研究展望

本书在室内试验、数值模拟、理论分析以及智能算法等方面开展了一系列研究工作，研究结论对于深部复合地层 TBM 隧道支护作用机理与围岩稳定控制方面具有较为重要的理论意义与实践应用价值。但是由于试验条件和研究水平的限制，还有诸多不足之处有待进一步研究。

(1) 本书在模型实验和数值模拟中考虑了 TBM 开挖卸荷的影响规律，由于试验条件限制，在岩石力学试验中则没有考虑卸荷作用对复合岩体的影响，因此需要进一步研究复合岩层在卸荷和循环加卸载工况下的围岩变形演化规律。

(2) 由于缺乏现场实测数据，本书的复合岩层变形全过程和破裂模式实验预测方法是基于室内试验数据进行模型搭建，与现场复杂工况下的数据特征有较大差距。后续可以考虑对现场实测数据进行建模与预测试验，并结合现场微震监测进行多维度数据的预测研究。

(3) 本书提出的“衬砌＋非均匀抗剪锚杆”联合支护方案仅运用数值模拟进行验证分析，尚未在工程现场进行试验验证。后续研究可以结合实际工程，开展支护方案的对比分析工作，验证该支护方案的实际应用效果。

参考文献

[1] 何满潮.深部的概念体系及工程评价指标[J].岩石力学与工程学报,2005,24(16):2854-2858.

[2] 谢和平,高峰,鞠杨.深部岩体力学研究与探索[J].岩石力学与工程学报,2015,34(11): 2161-2178.

[3] LIU Q S,HUANG X,GONG Q M,et al. Application and development of hard rock TBM and its prospect in China[J]. Tunnelling and underground space technology,2016,57:33-46.

[4] 刘泉声,黄兴,刘建平,等.深部复合地层围岩与 TBM 的相互作用及安全控制[J].煤炭学报,2015,40(6):1213-1224.

[5] 程建龙.深部复合岩层力学特性及 TBM 卡机灾害防控机理研究[D].徐州:中国矿业大学,2018.

[6] MEZGER F,RAMONI M,ANAGNOSTOU G,et al. Evaluation of higher capacity segmental lining systems when tunnelling in squeezing rock[J]. Tunnelling and underground space technology,2017,65:200-214.

[7] 陈卫忠,陈飞飞,赵武胜,等.TBM 挤压大变形隧洞管片错台及加固机理研究[J].山东大学学报(工学版),2017,47(2):1-6.

[8] TÓTH Á,GONG Q,ZHAO J. Case studies of TBM tunneling performance in rock-soil interface mixed ground[J]. Tunnelling and underground space technology,2013,38:140-150.

[9] TIEN Y M,KUO M C,JUANG C H. An experimental investigation of the failure mechanism of simulated transversely isotropic rocks[J]. International journal of rock mechanics and mining sciences, 2006, 43 (8): 1163-1181.

[10] CHENG J L, YANG S Q, CHEN K, et al. Uniaxial experimental study of the acoustic emission and deformation behavior of composite rock based on 3D digital image correlation (DIC)[J]. Acta mechanica sinica, 2017, 33(6): 999-1021.

[11] YANG S Q, YIN P F, HUANG Y H, et al. Strength, deformability and X-ray micro-CT observations of transversely isotropic composite rock under different confining pressures[J]. Engineering fracture mechanics, 2019, 214: 1-20.

[12] DONG W, WU Z, ZHOU X, et al. An experimental study on crack propagation at rock-concrete interface using digital image correlation technique[J]. Engineering fracture mechanics, 2017, 171: 50-63.

[13] ZHONG H, OOI E T, SONG C M, et al. Experimental and numerical study of the dependency of interface fracture in concrete-rock specimens on mode mixity[J]. Engineering fracture mechanics, 2014, 124: 287-309.

[14] DONG W, SONG S, ZHANG B, et al. SIF-based fracture criterion of rock-concrete interface and its application to the prediction of cracking paths in gravity dam[J]. Engineering fracture mechanics, 2019, 221: 106686.

[15] SELÇUK L, AŞMA D. Experimental investigation of the Rock-Concrete bi materials influence of inclined interface on strength and failure behavior[J]. International journal of rock mechanics and mining sciences, 2019, 123: 104119.

[16] CHEN Y L, ZUO J P, LIU D J, et al. Deformation failure characteristics of coal-rock combined body under uniaxial compression: experimental and numerical investigations[J]. Bulletin of engineering geology and the environment, 2019, 78(5): 3449-3464.

[17] CHEN S J, YIN D W, JIANG N, et al. Mechanical properties of oil shale-coal composite samples[J]. International journal of rock mechanics and mining sciences, 2019, 123: 104120.

[18] CHENG Z, YANG S, LI L, et al. Support working resistance determined on top-coal caving face based on coal-rock combined body[J]. Geomechanics and engineering, 2019, 19(3): 255-268.

[19] CHENG Z B, PAN W D, LI X Y, et al. Numerical simulation on strata behaviours of TCCWF influenced by coal-rock combined body[J]. Geomechanics and engineering, 2019, 19(3): 269-282.

[20] DUAN K, LI Y, WANG L, et al. Dynamic responses and failure modes of stratified sedimentary rocks[J]. International journal of rock mechanics and mining sciences, 2019, 122: 104060.

[21] LISJAK A, GARITTE B, GRASSELLI G, et al. The excavation of a circular tunnel in a bedded argillaceous rock (Opalinus Clay): short-term rock mass response and FDEM numerical analysis[J]. Tunnelling and underground space technology, 2015, 45: 227-248.

[22] CHO J W, KIM H, JEON S, et al. Deformation and strength anisotropy of Asan gneiss, Boryeong shale, and Yeoncheon schist [J]. International journal of rock mechanics and mining sciences, 2012(50): 158-169.

[23] FORTSAKIS P, NIKAS K, MARINOS V, et al. Anisotropic behaviour of stratified rock masses in tunnelling[J]. Engineering geology, 2012, 141: 74-83.

[24] WANG Y, TAN W H, LIU D Q, et al. On anisotropic fracture evolution and energy mechanism during marble failure under uniaxial deformation [J]. Rock mechanics and rock engineering, 2019, 52(10): 3567-3583.

[25] LI A, DAI F, XU N W, et al. Analysis of a complex flexural toppling failure of large underground Caverns in layered rock masses[J]. Rock mechanics and rock engineering, 2019, 52(9): 3157-3181.

[26] DUTLER N, NEJATI M, VALLEY B, et al. On the link between fracture toughness, tensile strength, and fracture process zone in anisotropic rocks [J]. Engineering fracture mechanics, 2018, 201: 56-79.

[27] CHEN Z Q, HE C, XU G W, et al. A case study on the asymmetric deformation characteristics and mechanical behavior of deep-buried tunnel in phyllite [J]. Rock mechanics and rock engineering, 2019, 52 (11): 4527-4545.

[28] WANG D J, TANG H, SHEN P. Co-effects of bedding planes and parallel flaws on fracture evolution in anisotropic rocks[J]. Engineering geology, 2020, 264: 105382.

[29] BERČÁKOVÁ A, MELICHAR R, SOUČEK K. Mechanical properties and failure patterns of migmatized gneiss with metamorphic foliation under UCS test[J]. Rock mechanics and rock engineering, 2020, 53(4): 2007-2013.

[30] LI K H, CHENG Y, YIN Z Y, et al. Size effects in a transversely isotropic rock under Brazilian tests: laboratory testing[J]. Rock mechanics and rock engineering, 2020, 53(6): 2623-2642.

[31] ALVAREZ-FERNANDEZ M I, GARCIA-FERNANDEZ C C, GONZALEZ-NICIEZA C, et al. Effect of the contact angle in the failure pattern in slate under diametral compression[J]. Rock mechanics and rock engineering, 2020, 53(5): 2123-2139.

[32] ALIABADIAN Z, ZHAO G F, RUSSELL A R. Failure, crack initiation and the tensile strength of transversely isotropic rock using the Brazilian test[J]. International journal of rock mechanics and mining sciences, 2019, 122: 104073.

[33] ALIABADIAN Z, ZHAO G F, RUSSELL A R. Crack development in transversely isotropic sandstone discs subjected to Brazilian tests observed using digital image correlation[J]. International journal of rock mechanics and mining sciences, 2019, 119: 211-221.

[34] YANG S Q, YIN P F, HUANG Y H. Experiment and discrete element modelling on strength, deformation and failure behaviour of shale under Brazilian compression[J]. Rock mechanics and rock engineering, 2019, 52(11): 4339-4359.

[35] XU G W, HE C, CHEN Z Q, et al. Transverse isotropy of phyllite under Brazilian tests: laboratory testing and numerical simulations[J]. Rock mechanics and rock engineering, 2018, 51(4): 1111-1135.

[36] 哈秋舲. 加载岩体力学与卸荷岩体力学[J]. 岩土工程学报, 1998, 20(1): 114.

[37] KUSUI A, VILLAESCUSA E, FUNATSU T. Mechanical behaviour of scaled-down unsupported tunnel walls in hard rock under high stress[J]. Tunnelling and underground space technology, 2016, 60: 30-40.

[38] ZHANG Y, FENG X T, ZHANG X, et al. Strain energy evolution charac-

teristics and mechanisms of hard rocks under true triaxial compression [J]. Engineering geology,2019,260:105222.

[39] BAI Q S, YOUNG R P. Numerical investigation of the mechanical and damage behaviors of veined gneiss during true-triaxial stress path loading by simulation of in situ conditions[J]. Rock mechanics and rock engineering,2020,53(1):133-151.

[40] FENG X T,KONG R,YANG C X,et al. A three-dimensional failure criterion for hard rocks under true triaxial compression[J]. Rock mechanics and rock engineering,2020,53(1):103-111.

[41] WANG H Y,DYSKIN A,PASTERNAK E,et al. Experimental and numerical study into 3D crack growth from a spherical pore in biaxial compression[J]. Rock mechanics and rock engineering,2020,53(1):77-102.

[42] FENG X T,KONG R,ZHANG X W,et al. Experimental study of failure differences in hard rock under true triaxial compression[J]. Rock mechanics and rock engineering,2019,52(7):2109-2122.

[43] 袁亮,顾金才,薛俊华,等. 深部围岩分区破裂化模型试验研究[J]. 煤炭学报,2014,39(6):987-993.

[44] 翟路锁. 裂隙岩体巷道稳定性模拟研究试验[J]. 煤矿开采,2003,8(2):46-47.

[45] 张强勇,张绪涛,向文,等. 不同洞形与加载方式对深部岩体分区破裂影响的模型试验研究[J]. 岩石力学与工程学报,2013,32(8):1564-1571.

[46] ZHU G Q,FENG X T,ZHOU Y Y,et al. Physical model experimental study on spalling failure around a tunnel in synthetic marble[J]. Rock mechanics and rock engineering,2020,53(2):909-926.

[47] LUO Y,GONG F Q,LIU D Q,et al. Experimental simulation analysis of the process and failure characteristics of spalling in D-shaped tunnels under true-triaxial loading conditions[J]. Tunnelling and underground space technology,2019,90:42-61.

[48] SONG S G,LI S C,LI L P,et al. Model test study on vibration blasting of large cross-section tunnel with small clearance in horizontal stratified surrounding rock[J]. Tunnelling and underground space technology,2019,92:103013.

[49] 李术才,刘钦,李利平,等.隧道施工过程大比尺模型试验系统的研制及应用[J].岩石力学与工程学报,2011,30(7):1368-1374.

[50] 侯公羽,梁金平,胡涛,等.不同围压下卸荷速率对围岩变形与破坏的影响[J].岩石力学与工程学报,2019,38(3):433-444.

[51] 侯公羽,李小瑞,张振铎,等.使用小型围岩试件模拟与再现巷道围岩开挖卸荷过程的试验系统[J].岩石力学与工程学报,2017,36(9):2136-2145.

[52] 严鹏,卢文波,陈明,等.深部岩体开挖方式对损伤区影响的试验研究[J].岩石力学与工程学报,2011,30(6):1097-1106.

[53] 黄兴,刘泉声,刘滨,等.深部软弱地层 TBM 围岩力学行为试验研究[J].煤炭学报,2014,39(10):1977-1986.

[54] 黄兴,刘泉声,刘恺德,等.深部软弱地层 TBM 掘进围岩变形破坏特性室内试验研究[J].岩石力学与工程学报,2015,34(1):76-92.

[55] 李建林,王瑞红,蒋昱州,等.砂岩三轴卸荷力学特性试验研究[J].岩石力学与工程学报,2010,29(10):2034-2041.

[56] WANG S S, XU W Y, YAN L. Experimental investigation and failure mechanism analysis for dacite under true triaxial unloading conditions [J]. Engineering geology,2020,264:105407.

[57] 黄润秋,黄达.高地应力条件下卸荷速率对锦屏大理岩力学特性影响规律试验研究[J].岩石力学与工程学报,2010,29(1):21-33.

[58] XU H, FENG X T, YANG C X. Influence of initial stresses and unloading rates on the deformation and failure mechanism of Jinping marble under true triaxial compression[J]. International journal of rock mechanics and mining sciences,2019,117:90-104.

[59] 黄达,郭颖泉,朱谭谭,等.法向卸荷条件下含单裂隙砂岩剪切强度与破坏特征试验研究[J].岩石力学与工程学报,2019,38(7):1297-1306.

[60] 陈安敏,顾金才,沈俊,等.岩土工程多功能模拟试验装置的研制及应用[J].岩石力学与工程学报,2004(3):372-378.

[61] 王汉鹏,李术才,郑学芬,等.地质力学模型试验新技术研究进展及工程应用[J].岩石力学与工程学报,2009,28(增刊1):2765-2771.

[62] 胡雄玉,何川,杨清浩,等.管片衬砌配合陶粒可压缩层的支护结构与围岩相互作用模型[J].工程力学,2018,35(3):86-95.

[63] 胡雄玉,晏启祥,何川,等.管片衬砌配合碎石可压缩层的斜井支护结构型

式及其应用[J]. 岩石力学与工程学报,2016,35(3):579-591.

[64] 齐春,何川,封坤,等. 深部复合地层管片衬砌与可压缩层联合支护技术研究[J]. 工程力学,2019,36(4):62-71.

[65] YANG S Q,CHEN M,FANG G,et al. Physical experiment and numerical modelling of tunnel excavation in slanted upper-soft and lower-hard strata[J]. Tunnelling and underground space technology, 2018, 82: 248-264.

[66] WANG S, RUAN L, SHEN X, et al. Investigation of the mechanical properties of double lining structure of shield tunnel with different joint surface[J]. Tunnelling and underground space technology, 2019, 90: 404-419.

[67] 何川,张建刚,杨征. 层状复合地层条件下管片衬砌结构力学特征模型试验研究[J]. 岩土工程学报,2008,30(10):1537-1543.

[68] ZHANG Q Y,LIU C C,DUAN K,et al. True three-dimensional geomechanical model tests for stability analysis of surrounding rock during the excavation of a deep underground laboratory[J]. Rock mechanics and rock engineering,2020,53(2):517-537.

[69] 来弘鹏,林永贵,谢永利,等. 支护时机对软弱围岩公路隧道力学特征影响的试验研究[J]. 岩土工程学报,2009,31(3):390-395.

[70] XU G W,HE C,YANG Q,et al. Progressive failure process of secondary lining of a tunnel under creep effect of surrounding rock[J]. Tunnelling and underground space technology,2019,90:76-98.

[71] 吴圣智,黄群伟,王明年,等. 护盾式 TBM 隧道回填层对管片受力的影响[J]. 中国公路学报,2017,30(8):229-237.

[72] ZHAO K,JANUTOLO M,BARLA G. A completely 3D model for the simulation of mechanized tunnel excavation[J]. Rock mechanics and rock engineering,2012,45(4):475-497.

[73] HASANPOUR R,ROSTAMI J,ÜNVER B. 3D finite difference model for simulation of double shield TBM tunneling in squeezing grounds[J]. Tunnelling and underground space technology,2014,40(2):109-126.

[74] HASANPOUR R. Advance numerical simulation of tunneling by using a double shield TBM[J]. Computers and geotechnics,2014,57(2):37-52.

[75] SWOBODA G,ABU-KRISHA A. Three-dimensional numerical modelling for TBM tunnelling in consolidated clay[J]. Tunnelling and underground space technology,1999,14(3):327-333.

[76] GALLI G,GRIMALDI A,LEONARDI A. Three-dimensional modelling of tunnel excavation and lining[J]. Computers and geotechnics,2004,31(3):171-183.

[77] MANOUCHEHRIAN A ,CAI M. Numerical modeling of rockburst near fault zones in deep tunnels[J]. Tunnelling and underground space technology,2018,80:164-180.

[78] 沙鹏,伍法权,李响,等. 高地应力条件下层状地层隧道围岩挤压变形与支护受力特征[J]. 岩土力学,2015,36(5):1407-1414.

[79] FENG W,HUANG R,LI T. Deformation analysis of a soft-hard rock contact zone surrounding a tunnel[J]. Tunnelling and underground space technology,2012,32:190-197.

[80] 苏凯,崔金鹏,张智敏. 隧洞施工开挖过程初次支护时机选择方法[J]. 中南大学学报(自然科学版),2015,46(8):3075-3082.

[81] 杨灵,韩立军,蔚立元. 基于虚拟支撑力的隧道合理支护时机探讨分析[J]. 现代隧道技术,2012,49(1):66-71.

[82] LIU Y R,HOU S K,LI C Y,et al. Study on support time in double-shield TBM tunnel based on self-compacting concrete backfilling material[J]. Tunnelling and underground space technology,2020,96:103212.

[83] ADOKO A C,GOKCEOGLU C,YAGIZ S. Bayesian prediction of TBM penetration rate in rock mass[J]. Engineering geology,2017.

[84] JIMENEZ R,RECIO D. A linear classifier for probabilistic prediction of squeezing conditions in Himalayan tunnels[J]. Engineering geology,2011,121(3-4):101-109.

[85] HINTON G E,SALAKHUTDINOV R R. Reducing the dimensionality of data with neural networks[J]. Science(New York),2006,313(5786):504-507.

[86] 范思遐,周奇才,熊肖磊,等. 基于多核模式的隧道沉降预测[J]. 岩土力学,2013,34(增刊 2):291-298.

[87] SHI S S,ZHAO R J,LI S C,et al. Intelligent prediction of surrounding

rock deformation of shallow buried highway tunnel and its engineering application[J]. Tunnelling and underground space technology,2019,90:1-11.

[88] CHEN D F,FENG X T,XU D P,et al. Use of an improved ANN model to predict collapse depth of thin and extremely thin layered rock strata during tunnelling[J]. Tunnelling and underground space technology,2016,51:372-386.

[89] MAHDEVARI S,TORABI S R. Prediction of tunnel convergence using artificial neural networks[J]. Tunnelling and underground space technology,2012,28:218-228.

[90] 李元松,李新平,张成良. 基于 BP 网络的隧道围岩位移预测方法[J]. 岩石力学与工程学报,2006,25(增刊 1):2969-2973.

[91] 马莎,肖明. 洞室围岩位移长期预报混沌-神经网络模型[J]. 地下空间与工程学报,2011,7(3):564-569.

[92] 何满潮,景海河,孙晓明. 软岩工程地质力学研究进展[J]. 工程地质学报,2000,8(1):46-62.

[93] 孙钧. 岩土材料流变及其工程应用[M]. 北京:中国建筑工业出版社,1999.

[94] 万明富,海洪,刘剑平,等. 大跨度隧道开挖围岩变形稳定监测与主动控制[J]. 重庆大学学报(自然科学版),2006,29(7):149-151.

[95] 张华,刘建,李鹏,等. 深部岩巷稳定性控制方法及实例研究[J]. 岩石力学与工程学报,2008,27(增刊 2):3913-3918.

[96] 肖同强,李化敏,杨建立,等. 超大断面硐室围岩变形破坏机理及控制[J]. 煤炭学报,2014,39(4):631-636.

[97] 周建军,杨振兴. 深埋长隧道 TBM 施工关键问题探讨[J]. 岩土力学,2014,35(增刊 2):299-305.

[98] 赵勇,刘建友,田四明. 深埋隧道软弱围岩支护体系受力特征的试验研究[J]. 岩石力学与工程学报,2011,30(8):1663-1670.

[99] 孙晓明,何满潮,杨晓杰. 深部软岩巷道锚网索耦合支护非线性设计方法研究[J]. 岩土力学,2006,27(7):1061-1065.

[100] 孙晓明,杨军,曹伍富. 深部回采巷道锚网索耦合支护时空作用规律研究[J]. 岩石力学与工程学报,2007,26(5):895-900.

[101] 陈淼. 断续节理岩体破坏力学特性及锚固控制机理研究[D]. 徐州:中国

矿业大学,2019.

[102] YANG S Q,CHEN M,JING H W,et al. A case study on large deformation failure mechanism of deep soft rock roadway in Xin'An coal mine, China[J]. Engineering geology,2017,217:89-101.

[103] 李术才,徐飞,李利平,等. 隧道工程大变形研究现状、问题与对策及新型支护体系应用介绍[J]. 岩石力学与工程学报,2016,35(7):1366-1376.

[104] 李国良,朱永全. 乌鞘岭隧道高地应力软弱围岩大变形控制技术[J]. 铁道工程学报,2008,(3):54-59.

[105] ZHANG Q Y,REN M Y,DUAN K,et al. Geo-mechanical model test on the collaborative bearing effect of rock-support system for deep tunnel in complicated rock strata[J]. Tunnelling and underground space technology,2019,91:103001.

[106] LI G,MA F,GUO J,et al. Study on deformation failure mechanism and support technology of deep soft rock roadway[J]. Engineering geology, 2020,264:105262.

[107] HU X Y,HE C,WALTON G,et al. A combined support system associated with the segmental lining in a jointed rock mass:the case of the inclined shaft tunnel at the Bulianta coal mine[J]. Rock mechanics and rock engineering,2020,53(6):2653-2669.

[108] YANG J,CHEN W,ZHAO W,et al. Geohazards of tunnel excavation in interbedded layers under high in situ stress[J]. Engineering geology, 2017,230:11-22.

[109] 周辉,宋明,张传庆,等. 水平层状复合岩体变形破坏特征的围压效应研究[J]. 岩土力学,2019,40(2):465-473.

[110] 孟召平,陆鹏庆,贺小黑. 沉积结构面及其对岩体力学性质的影响[J]. 煤田地质与勘探,2009,37(1):33-37.

[111] MARTIN C D. Seventeenth Canadian geotechnical colloquium:the effect of cohesion loss and stress path on brittle rock strength[J]. Canadian geotechnical journal,1997,34(5):698-725.

[112] 李元海,靖洪文,曾庆有. 岩土工程数字照相量测软件系统研发与应用[J]. 岩石力学与工程学报,2006,25(增刊2):3859-3866.

[113] LI Y H,TANG X J,YANG S,et al. Evolution of the broken rock zone

in the mixed ground tunnel based on the DSCM[J]. Tunnelling and underground space technology,2019,84:248-258.

[114] YANG S Q,HU B,XU P. Study on the damage-softening constitutive model of rock and experimental verification[J]. Acta Mechanica sinica,2019,35(4):786-798.

[115] 张科,刘享华,李昆,等. 含孔多裂隙岩石力学特性与破裂分形维数相关性研究[J]. 岩石力学与工程学报,2018,37(12):2785-2794.

[116] 杨朋,华心祝,刘钦节,等. 深井大断面沿空留巷底板裂隙分形特征动态演化规律试验研究[J]. 岩土力学,2017,38(增刊 1):351-358.

[117] SUI L L,YU J,CANG D B,et al. The fractal description model of rock fracture networks characterization[J]. Chaos solitons and fractals,2019,129:71-76.

[118] LI L C,WU W B,EL NAGGAR M H,et al. Characterization of a jointed rock mass based on fractal geometry theory[J]. Bulletin of engineering geology and the environment,2019,78(8):6101-6110.

[119] 何满潮,钱七虎. 深部岩体力学基础[M]. 北京:科学出版社,2010.

[120] 李元海,杜建明,刘毅. 隧道工程物理模拟试验技术现状与趋势分析[J]. 隧道建设(中英文),2018,38(1):10-21.

[121] 张强勇,陈旭光,林波,等. 高地应力真三维加载模型试验系统的研制及其应用[J]. 岩土工程学报,2010,32(10):1588-1593.

[122] 李英杰,张顶立,宋义敏,等. 软弱破碎深埋隧道围岩渐进性破坏试验研究[J]. 岩石力学与工程学报,2012,31(6):1138-1147.

[123] 陈坤福. 深部巷道围岩破裂演化过程及其控制机理研究与应用[D]. 徐州:中国矿业大学,2009.

[124] 徐鹏. 深部复合岩层流变力学行为及其对 TBM 卡机灾害影响机理研究[D]. 徐州:中国矿业大学,2018.

[125] DU K,TAO M,LI X B,et al. Experimental study of slabbing and rockburst induced by true-triaxial unloading and local dynamic disturbance[J]. Rock mechanics and rock engineering,2016,49(9):3437-3453.

[126] 任青阳,张黄梅,刘佳申. 两种卸荷路径下泥岩流变特性试验研究[J]. 岩土力学,2019,40(增刊 1):127-134.

[127] 黄兴,潘玉丛,刘建平,等. TBM 掘进围岩挤压大变形机理与本构模型

[J]. 煤炭学报,2015,40(6):1245-1256.

[128] 赵星光,李鹏飞,马利科,等. 循环加、卸载条件下北山深部花岗岩损伤与扩容特性[J]. 岩石力学与工程学报,2014,33(9):1740-1748.

[129] 黄达,张永发,朱谭谭,等. 砂岩拉-剪力学特性试验研究[J]. 岩土工程学报,2019,41(2):272-276.

[130] 张顶立. 隧道及地下工程的基本问题及其研究进展[J]. 力学学报,2017,49(1):3-21.

[131] 刘招伟,王炜,杨硕,等. 上软下硬复合地层盾构空舱快速掘进技术[J]. 施工技术,2020,49(1):51-56.

[132] 程建龙,杨圣奇,杜立坤,等. 复合地层中双护盾 TBM 与围岩相互作用机制三维数值模拟研究[J]. 岩石力学与工程学报,2016,35(3):511-523.

[133] 王学滨,潘一山,马瑾. 剪切带内部应变(率)分析及基于能量准则的失稳判据[J]. 工程力学,2003,20(2):113-117.

[134] 王启欣,徐锡伟,江在森. 南北地震带现今应变特征及地震危险性分析[J]. 大地测量与地球动力学,2020,40(1):23-29.

[135] 王伟,王迪晋,陈正松,等. 用 GPS 资料分析青藏高原现今应变率场[J]. 大地测量与地球动力学,2017,37(9):881-883.

[136] BLÜMLING P,BERNIER F,LEBON P,et al. The excavation damaged zone in clay formations time-dependent behaviour and influence on performance assessment[J]. Physics and chemistry of the earth,parts A/B/C,2007,32(8/9/10/11/12/13/14):588-599.

[137] CHEN Z Q,HE C,XU G W,et al. A case study on the asymmetric deformation characteristics and mechanical behavior of deep-buried tunnel in phyllite[J]. Rock mechanics and rock engineering,2019,52(11):4527-4545.

[138] 张顶立,李倩倩,房倩,等. 隧道施工影响下城市复杂地层的变形机制及预测方法[J]. 岩石力学与工程学报,2014,33(12):2504-2516.

[139] 谢和平,周宏伟,薛东杰,等. 煤炭深部开采与极限开采深度的研究与思考[J]. 煤炭学报,2012,37(4):535-542.

[140] 刘泉声,黄兴,时凯,等. 煤矿超千米深部全断面岩石巷道掘进机的提出及关键岩石力学问题[J]. 煤炭学报,2012,37(12):2006-2013.

[141] 周志华. 机器学习[M]. 北京:清华大学出版社,2016.

[142] 胡雄玉，何川，吴迪，等. 层状围岩管片衬砌配合陶粒与锚杆的联合支护技术研究[J]. 岩土工程学报，2018，40(6)：1093-1102.

[143] 王其虎. 地下开采中接触带复合岩体非协调变形及控制研究[D]. 武汉：武汉科技大学，2015.

[144] 张军伟，梅志荣，唐与. 特长隧洞 TBM 施工与锚喷支护应用研究[J]. 铁道工程学报，2011，28(1)：39-46.

[145] 何川. 盾构/TBM 施工煤矿长距离斜井的技术挑战与展望[J]. 隧道建设，2014，34(4)：287-297.